老子的正言若反、莊子的謬悠之說……
《鵝湖民國學案》正以
「非學案的學案」、「無結構的結構」、
「非正常的正常」、「不完整的完整」，
詭譎地展示出他又隱涵又清晰的微意。

曾昭旭教授推薦語

願台灣鵝湖書院諸君子能繼續「承天命，繼道統，立人倫，傳斯文」，綿綿若存，自強不息。蓋地方處士，原來國士無雙；行所無事，天下事，就這樣啓動了。

林安梧教授推薦語

喚醒人心的暖力，煥發人心的暖力，是當前世界的最大關鍵點所在，人類未來是否幸福，人類是否還有生存下去的欲望，最緊要的當務之急，全在喚醒並煥發人心的暖力！

王立新（深圳大學人文學院教授）

人們在徬徨、在躁動、在孤單、也在思考，希望從傳統文化中吸取智慧尋找答案；另一方面是割不斷的古與今，讓我們對傳統文化始終保有情懷與敬意！依然相信儒家仁、愛之說仍有益於當今世界。

王維生（廈門篔簹書院山長）

鵝湖民國學案
呂榮海 賴研 蕭新永 洪文東 周隆亨 潘俊隆 陳蕙娟 陳祖媛等35人 合著
台灣鵝湖書院
老子的正言若反、莊子的謬悠之說……
《鵝湖民國學案》正以
「非學案的學案」、「無結構的結構」、
「非正常的正常」、「不完整的完整」，
詭譎地展示出他又隱涵又清晰的微意。
曾昭旭教授推薦語
華夏出版

蔚理文叢03

中國文明興亡史

地球文明存在著東、西兩個文明波，
因為「**地球轉動**」的緣故，帶動文明波消長，
各以約**八百年為一個周期**，交替循環，
二者合計約一千六百年形成一個周期。

林英臣 著
呂榮海、王永濬 譯

二〇二四年再版序兼三十年體驗與導讀／文明法則史學

一、文明法則史學

一九九五年前後期間，我和王國勳先生共同將日本學者林英臣所著日文版《中國文明興亡史》一書，翻譯成中文，並在台灣出版。當時林英臣先生和角田識之先生熱情於發揚「文明法則史學」及組織「亞洲文藝復興協會」（APRA），闡揚世界和平（平和），爲此著書、演講主張：

1、「文明法則史學」：地球文明存在著東、西兩個文明波，各以約八百年爲一個周期，交替循環，二者合計約一千六百年形成一個周期。

2、例如，**400BC~400AC**爲西方文明波高昂時期，而東方文明波則爲低潮期，**400AC~1200AC**爲東方文明波高昂時期，反之，爲西方文明波低潮時期；1200AC~2000AC則爲西方文明波高昂時期，反之，則爲東方文明波低潮時期；以此推論未來，2000AC至2800年爲東方文明高昂時期，反之，則爲西方文明波低潮時期。

3、所謂「高昂時期」與「低潮時期」的「轉換期」並不是一年、兩年、十年……等如此「短期」所可以完成的，通常需一百年至兩百年逐漸「轉換」形成，「轉換期」的特徵是：民族大移動。例如：400AC之五胡亂華、400AC之歐洲北方「蠻族」入侵羅馬帝國、1200AC之十字軍東征、蒙古西征、1900~2050年之大移民……。媒體報導：僅二〇二三年十二月份，就有三十萬人從墨西哥邊境進入美國，造成紐約有九萬人無住處。

4、八百年的文明波（周期）（Civilization Cycle）通常包含兩個各約四百年之「社會系統」（Social System），即王朝。一千六百年的周期（Civilization Cycle），原則上包括約四個「社會系統」（Social System）。

5、之所以東、西二文明波輪動消長係因「地球轉動」的緣故，因爲「轉動」也帶動文明波消長，就像地球公轉也造成北半球、南半球之夏天、冬天也是相反的輪動，文明波的轉換也是。

6、林英臣先生以「文明波周期」（Civilization Cycle）、「社會系統」（Social System）的「文明法則史學」分析中國各朝代的興亡，書成《中國文明興亡史」》從西周到中華人民共和國的成立。他認爲一個「社會系統」（Social System）大約四百年，並分析其a、b、c、d、e、f、g點，a爲「創造起始點」、b至c爲「成長期」，c、d、e爲「高峰（原）期」，e爲「衰弱開始點」，f爲「續衰點」，g爲「滅亡點」。但也可能出現Double Social System，例如西漢、東漢；北宋、南宋。

7、文明轉換期出現大破壞者：像400BC戰國時代至秦王朝及400AC之五胡亂華、南北朝時代及1200AC前後一百年及2000AC前後一百年，均爲「大破、大立」的「轉換期」，那是因爲也正好「社會系統」碰上「文明波周期」的「轉換期」，故其「破、立」特別大，即出現像秦始皇、苻堅、鐵木貞、毛澤東等「破壞型大人物」，其歷史作用係清除舊社會的地基，空出地基，以便於建築新社會。

一九九五年當時，我雖然不是很懂「文明法則史學」所主張的東、西二文明波交替的「科學原理」，但事實上正值台灣成為東亞四小龍之一，以及中國大陸正值「改革開放」邁向高成長期，我相信「東方升起」（未必趕過）及「至少在後面緊追」的快感，乃以赤子的熱情，希望台灣、東亞、中國大陸變好，故以行動將日文版《中國文明興亡史》翻譯成中文，並由蔚理有限公司出版。

中國文明
興亡史
林　英臣＝著
呂榮海・王國勳＝譯
兩岸關係緊張・台海風雲變色
中國未來大預測
從文明法則論中國歷史上各朝興亡
及今日台灣所扮演的角色
亞洲文藝復興協會 推薦
十年會 發行

二、工商業化與社會瀑差價值

一九九六年當時正值中國大陸「改革開放」不久、兩岸關係是一個重要的議題，大陸的發展攸關台商、東亞、兩岸人民的前途，而這本書書中所述「風水輪流轉」、「西降東升」、「文明像春夏秋冬」循環發展的觀點，我十分認同。當然，我不是一個十分重視「風水」、「命運輪轉」的人，當時我感覺「東方會漸升起」的主要原因，是我一直思考的工商業化、練出工業製造銷售的能力及產生「社會瀑差價值原理」及看到兩岸人民勤奮工作、「想賺錢」的熱心，我認爲假以時日或許三十至五十年將「持續大發展」，兩岸的成長率常常5％到10％，相較於歐美的1.2％，經過五十年、一百年，自然是「西降東升」。我是在「貧窮的農業社會」出生、成長的人，也看到「工商業化的歷程及其創造的財富」，尤其之後的電子科技產業發展，更是創了「社會瀑差價值」，我相信。

一眨眼，從一九九六年已至二〇二三、二〇二四年，三十年己過，中國大陸已經成爲全球第二大經濟體，也許至二〇四〇年可能成爲最大經濟體，二〇二三年十月十七日至十九日「一帶一路」十年會在北京召開，有一百五十個國家參加，似成「準」聯合國，提高了中國對世界時局的影響力，證實了「東升」，雖然未必「西降」。

二〇二三年六月二十一日中午，**Kiss Radio**公司袁韻婕董事長宴請前大法官陳新民、丁渝州將軍等人，席間丁將軍問及：「大陸這三十年來爲什麼發展這麼快？」，我於一九九八年至二〇二〇年來回大陸大約五百次，從大陸的「貧窮」看到大陸「富起來」，忍不住認爲大陸快速發展的原因有四：

1、社會瀑差價值：從一九四九至一九七九停留在「農業社會」（及不准經商、甚窮），一旦「改革開放」邁向工商業社會（可以下海經商、求富），「社會」擁有甚高位能、動能的「社會瀑差價值」，一旦暴發開來，人人求富，是中國大陸於一九七九至二〇一九年快速發展的根本原因，鄧小平帶領的「改革開放」政策了不起，使中國人站了起來。

2、世界市場中最大的市場是美國，對中國友好（也許為了拖垮蘇聯），開放了市場，極有利於大陸發展市場經濟；

3、大批臺商的資金、技術、經驗的參與。我舉一九九〇至二〇〇五年，大陸連咖啡店都不會開，臺商的「上島咖啡」開了一千家，培訓了大陸許多餐飲人才，後來都會開了。又，臺灣幾家電子業的出口額，長期佔大陸出口企業的前六名。阿里巴巴有臺灣人「蔡崇信」的影子，他的父親是常在律師事務所的創辦人之一，集了二代的知識、經驗、資金豐富，參與大陸經濟發展。

4、很低或無成本的土地（不動產）經濟：透過「革命」之後，土地收歸國有、集體所有，國家擁有極低成本甚至近於無成本的土地資源，三十年不斷賣土地使用權，創造了三十年極榮景的「不動產經濟」，我在大陸的律師朋友，很多人在不動產賺了五倍以上，此例可說明這三十來大陸的不動產經濟實況。許多大陸同胞享有了高度的「社會瀑差價值」。

其他人補充：

5、大陸的各級官員很會招商；

6、大陸很有計劃的發展（一次一次的五年計劃）；

7、世界少有、很有效率的執行力。

這就創造了一九九〇至二〇二〇年左右的中國大陸快速經濟發展，也符合《中國文明興亡（衰）史》及「文明法則史學」所述「東西文明波交替發展」及「文明轉換期」（一百至兩百年）的原理，二者「不謀而合」。

蔚理文叢03
歷史社會環境
變遷的省思
黃仁勳及「林百里」們的故事，
堪為「社會瀑差價值原理」的代表例，
不同的階段社會之間有很高的「位能」和「動能」，
猶如「瀑布」產生很大的「能量」，
創造巨大的價值(或價格)，稱為「社會瀑差價值」。
呂榮海 著

2023/11 增訂出版，一本呂榮海博士寫了五十年的紀錄、感想

波動進化的世界文明

文明法則

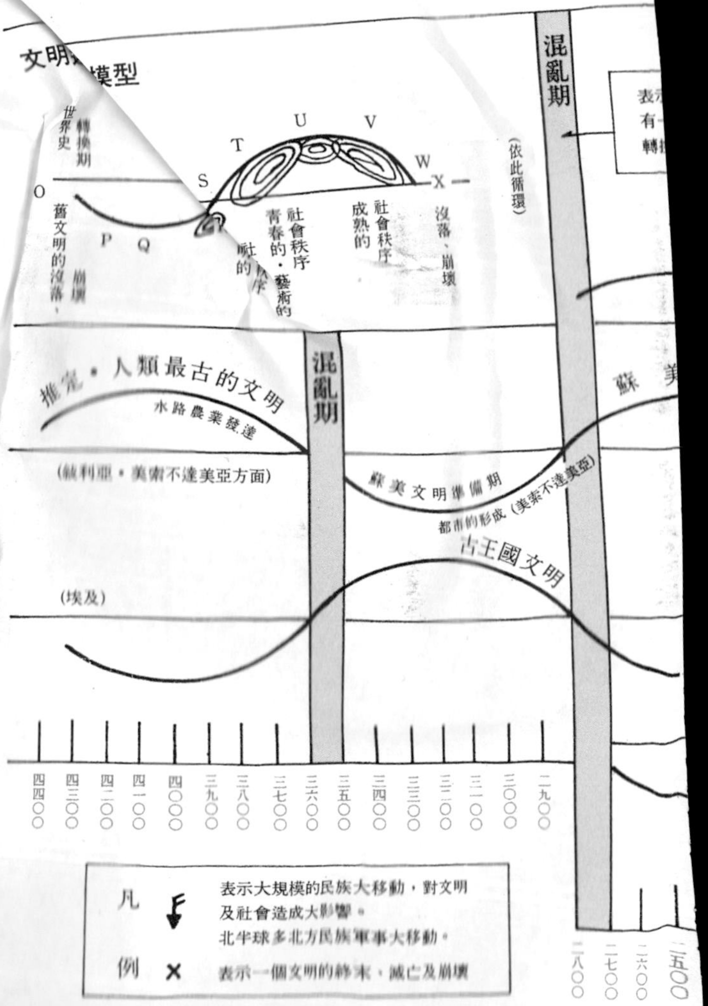
文明…模型
世界史 轉換期
O
S T U V W X
舊文明的沒落、崩壞
P Q
社會秩序
青春的・藝術的
社會秩序成熟的
沒落、崩壞
(依此循環)
混亂期
推定・人類最古的文明
水路農業發達
(蘇利亞・美索不達美亞方面)
蘇美文明準備期
都市的形成 (美索不達美亞)
蘇 美
古王國文明
(埃及)
四四〇〇
四三〇〇
四二〇〇
四一〇〇
四〇〇〇
三九〇〇
三八〇〇
三七〇〇
三六〇〇
三五〇〇
三四〇〇
三三〇〇
三二〇〇
三一〇〇
三〇〇〇
二九〇〇
二八〇〇
二七〇〇
二六〇〇
二五〇〇
凡例
表示大規模的民族大移動，對文明及社會造成大影響。
北半球多北方民族軍事大移動。
表示一個文明的終末，滅亡及崩壞

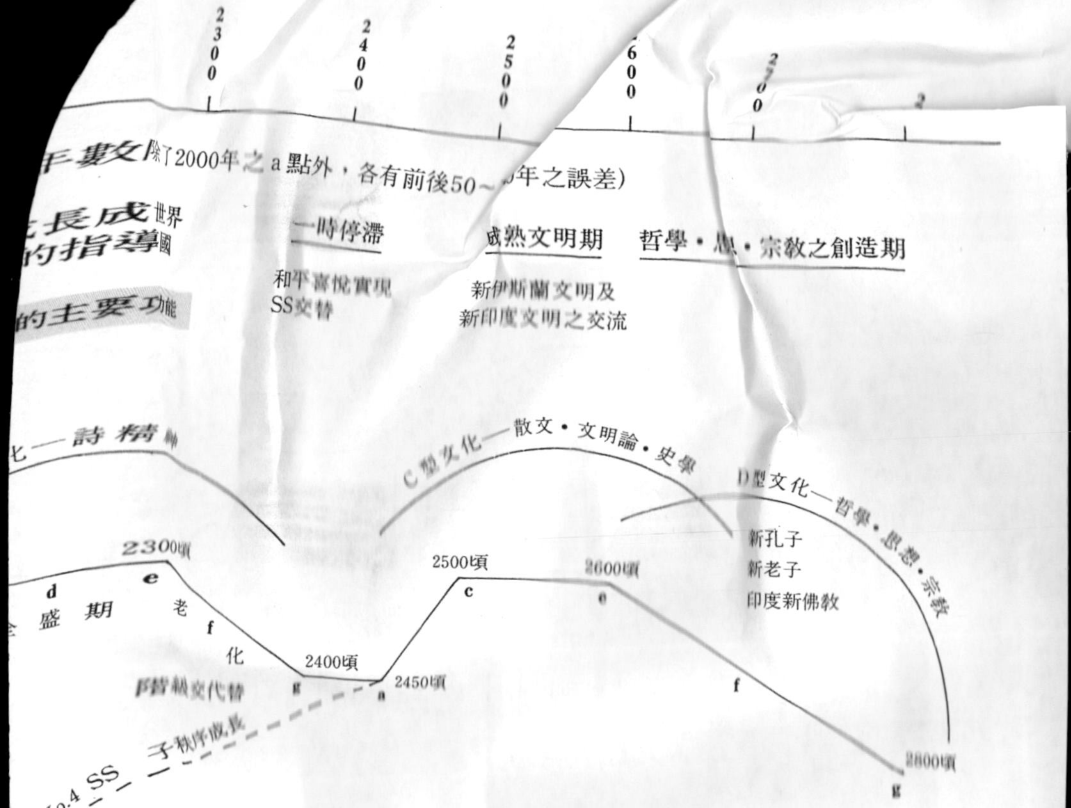

2300
2400
2500
600
2
年數除了2000年之a點外，各有前後50~
年之誤差)
長成世界
的指導國
一時停滯
和平喜悅實現
SS交替
成熟文明期
新伊斯蘭文明及
新印度文明之交流
哲學・思・宗教之創造期
的主要功能
化一詩精神
C型文化一散文・文明論・史學
D型文化一哲學・思想・宗教
新孔子
新老子
印度新佛教
2300頃
2400頃
2450頃
2500頃
2600頃
2800頃
d
e
f
g
a
c
e
f
g
盛期
老
化
階級交代替
子秩序成長
No.4 SS
p

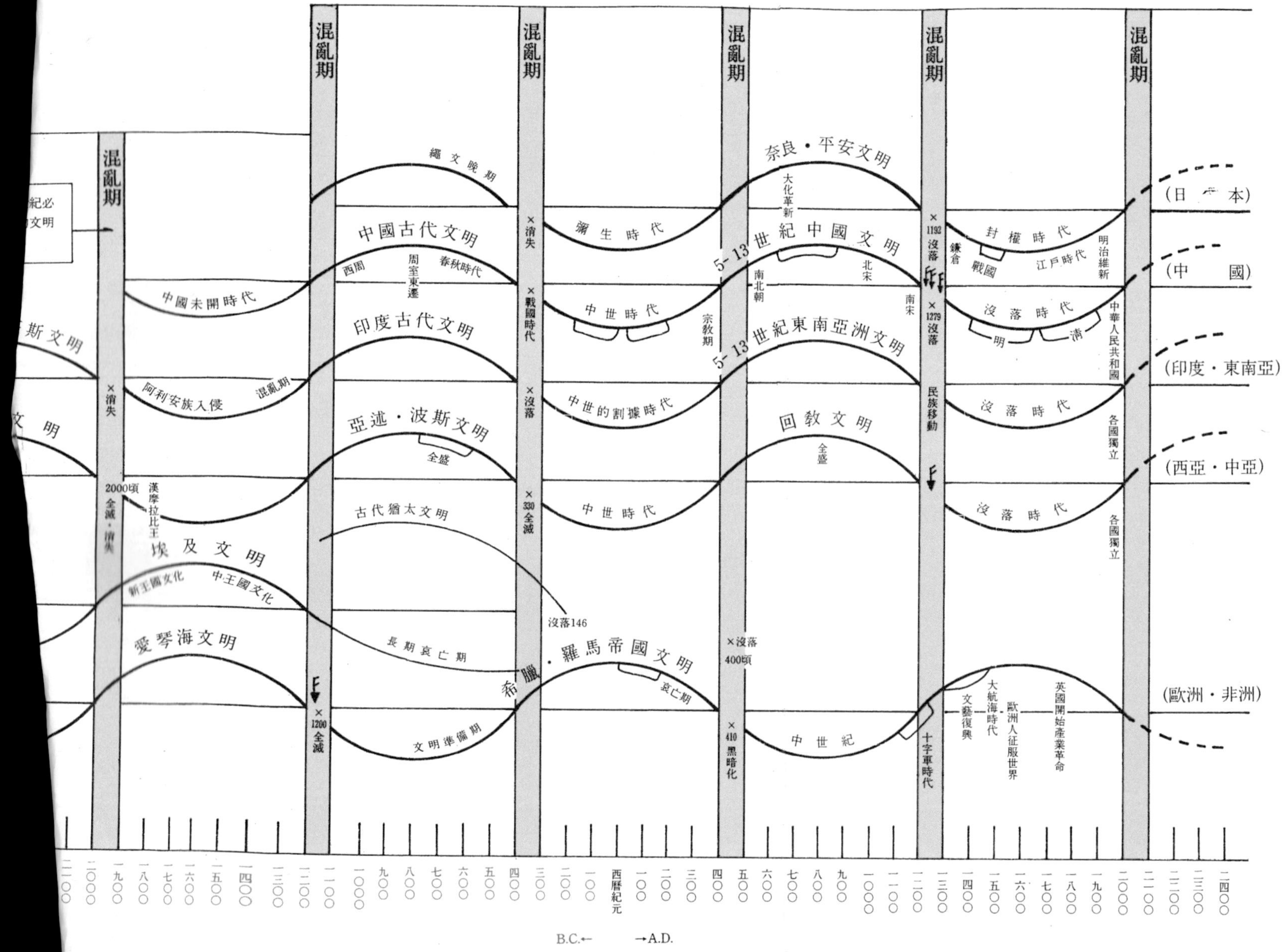

混亂期
混亂期
混亂期
混亂期
混亂期
混亂期
紀必
文明
繩文晚期
奈良・平安文明
大化革新
(日本)
×消失
彌生時代
×1192沒落
封權時代
鎌倉
戰國
江戶時代
明治維新
中國古代文明
西周
周室東遷
春秋時代
5-13世紀中國文明
南北朝
北宋
南宋
(中國)
中國未開時代
×戰國時代
中世時代
宗教期
×1279沒落
沒落時代
明
清
中華人民共和國
斯文明
印度古代文明
5-13世紀東南亞洲文明
(印度・東南亞)
×消失
阿利安族入侵
混亂期
×沒落
中世的割據時代
民族移動
沒落時代
各國獨立
文明
亞述・波斯文明
全盛
回教文明
全盛
(西亞・中亞)
2000頃
全滅・消失
漢摩拉比王
×330全滅
中世時代
沒落時代
各國獨立
古代猶太文明
埃及文明
新王國文化
中王國文化
沒落146
長期衰亡期
愛琴海文明
×沒落400頃
希臘・羅馬帝國文明
衰亡期
大航海時代
英國開始產業革命
文藝復興
歐洲人征服世界
(歐洲・非洲)
×1200全滅
文明準備期
×410黑暗化
中世紀
十字軍時代
二一〇〇
二〇〇〇
一九〇〇
一八〇〇
一七〇〇
一六〇〇
一五〇〇
一四〇〇
一三〇〇
一二〇〇
一一〇〇
一〇〇〇
九〇〇
八〇〇
七〇〇
六〇〇
五〇〇
四〇〇
三〇〇
二〇〇
一〇〇
西曆紀元
一〇〇
二〇〇
三〇〇
四〇〇
五〇〇
六〇〇
七〇〇
八〇〇
九〇〇
一〇〇〇
一一〇〇
一二〇〇
一三〇〇
一四〇〇
一五〇〇
一六〇〇
一七〇〇
一八〇〇
一九〇〇
二〇〇〇
二一〇〇
二二〇〇
二三〇〇
二四〇〇
B.C.←
→A.D.

中國文明4000年之記錄

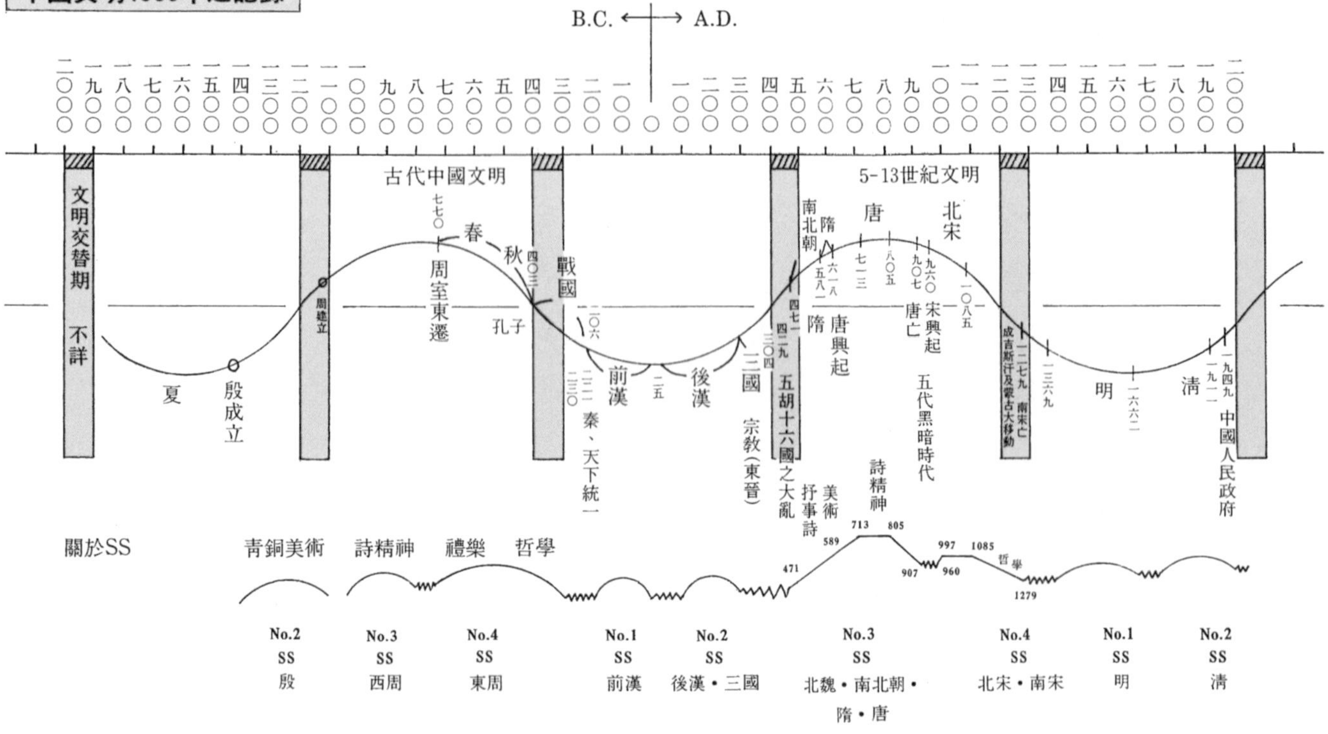
B.C. ←→ A.D.
古代中國文明
5-13世紀文明
文明交替期 不詳
夏
殷成立
周建立
春
秋
周室東遷
孔子
戰國
秦、天下統一
前漢
後漢
三國
宗教(東晉)
五胡十六國之大亂
南北朝
隋
唐
隋
唐興起
美術
抒事詩
詩精神
北宋
唐亡
宋興起
五代黑暗時代
成吉斯汗及蒙古大移動
南宋亡
明
清
中國人民政府
關於SS
青銅美術
詩精神
禮樂
哲學
哲學
No.2 SS 殷
No.3 SS 西周
No.4 SS 東周
No.1 SS 前漢
No.2 SS 後漢・三國
No.3 SS 北魏・南北朝・隋・唐
No.4 SS 北宋・南宋
No.1 SS 明
No.2 SS 清

中國2000～2800年之預測（

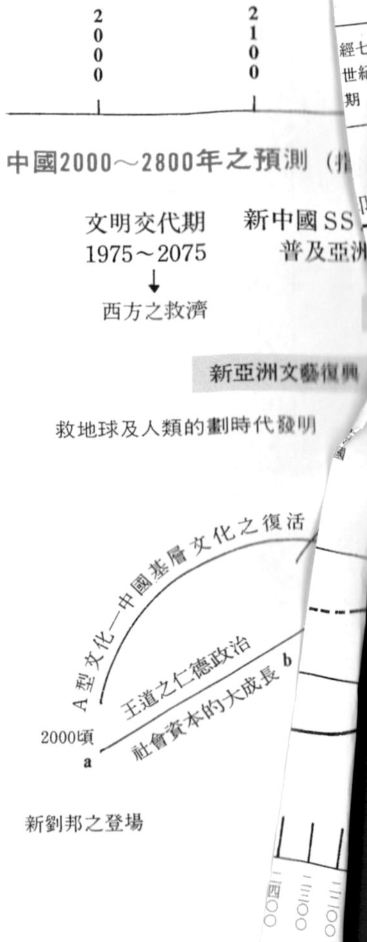
2000
2100
文明交代期
1975～2075
西方之救濟
新中國SS
普及亞洲
新亞洲文藝復興
救地球及人類的劃時代發明
A型文化—中國基層文化之復活
王道之仁德政治
社會資本的大成長
2000頃
a
b
新劉邦之登場

林毅夫教授於二〇二三年演講「如何認識中國的機遇與挑戰」，述及一九〇〇年「八國聯軍」時，「八國」的GNP佔全世界50.4%，至二〇〇〇年時G8的GNP佔世界47%，百年之中只差4%不到，然而至二〇一八年G8的GNP變成佔世界的34.7%，減了12.3%，其中的百分之八十的改變是由中國的變化，即中國的GNP於二〇〇〇年只佔世界的6.9%，至二〇一八年，中國的GNP佔世界的16.8%，增加了9.9%。林毅夫教授認爲中國仍有「後進的優勢」，即技術升級及產業升級成本及風險均較低，以及「技術人員眾多」、生產鍊完整，尚能維持較高的成長率，隨著中國的佔比愈來愈高，至二〇三五年或可成爲最大的經濟體。美國則於一八七五年超越英國，成爲世界最大經濟體，所以之後的第一次世界大戰、第二次世界大戰，都是G8不能和平協調爭議所引起，最大經濟體的美國參加哪邊，哪邊就勝。

一八七五年美國超過英國成爲最大經濟體，文明由英國「往西」發展到美國，先是美國東岸，再「往西」發展到加州成爲高科技產業的重心，至二〇〇〇年時又逐漸「往西」跨過太平洋，東亞先行的日本、四小龍及中國大陸、東南亞，將共同迎接逐漸升起的東亞文明波。

三、挑戰與後續觀察

然而，自二〇一六年起，美國總統川普（特朗普）發動「抗中」及「貿易戰」、「提高關稅」及拜登總統於二〇二〇年起繼之頒佈「晶片禁令」、「五眼聯盟」，造成「地緣政治」等等，則上述的第二項理由（美國市場對中國開放）已不存在或大幅減少，以及第一項之「社會瀑差價值」（或邊際成長率）已大幅降低，以及第四項所述的便宜土地資源愈來愈少，則由原來輕輕鬆鬆就能年成長8％~10％，到了連保5％都成困難，二〇二四年以後，中國大陸的發展可能面臨比之前三十年更多的困難，有待後續之觀察。也許中國廣大，除沿海之外，尚有廣大的中西部仍有較高的「社會瀑差價值」，如能好好謀劃中西部的發展，以空間換取更長的時間，再以王道思想和中亞至地中海間及周邊諸國（地區）廣大地域國家（地區）、人民合作，再爭取三十至五十年的和平、發展，亦有可能。

二〇二三年年尾看到一部YouTube上關於中國中西部發展的片子，介紹自一九四九以後，中國有三次提出「中西部發現展」，前二次大抵是「國家」對中西部投入若干「重工業」，但仍無法「全面」提高生產力，改革開放後之第三次中西部發展是一九九九年提的，至二〇二〇年，像是重慶，也吸引許多民營電子高科技產業投資，比前兩次之「國家」投入而有不同。雖有進步，但仍和東部沿海有較大差距。從「文明法則史學」及「東向西」發展的角度而言，中國很大，先「東部發展」之後，接著輪到「中西部」（或及中亞）發展起來，也是自然之理，就像美國加州的發展晚於美國東部。但「晚」並非意味著什麼都不做，以建設從重慶、成都通往歐洲的火車「中歐班列」二〇一〇年通車爲例，將重慶、成都高新區產業輸往歐洲，並於二〇二〇年新冠肺炎期間扮演重要的運輸角色，就是成功佈局的善例。大局需要時間，中國於二〇二〇年佈局「西部大開發」3.0

版，也許，二〇二四年至二〇五四年更是中西部「較全面發展」的機遇。二〇二四年一月八至十四日，台灣《商業周刊》第1886期刊出「野心新中東」/未來十年最須關注、眞正的新興市場」爲主題，指出中東沙烏地阿拉伯（利雅德）、阿拉伯聯合大公國（阿布達比）、杜拜大力發展高科技產業（例如AI）、新能源、金融，引起我的注意關於「文明法則史學」的印証，中東、中亞和中國中西部是連在一起的，具有關連性。還有，阿拉伯之東、東南亞之西、甘肅新疆青海西藏之南的大國印度也被呼喊「印度崛起」，十三億人口的體積大，不容忽視。在印度之東、重慶四川之南的東南亞於二〇一〇至二〇三〇年，也算是先於印度快速發展，俱在這一塊文明波「經度」之中。它們都在「幼年成長期」，有較高的「社會瀑差價值」或是「邊緣成長率」，一旦發展是很快的。一九六〇至二〇〇〇年台灣及四小龍、一九八〇至二〇二〇年，中國東部有經驗過。從「文明法則史學」的角度，是可以看好的。

如此，則能邁向「東西文明波之交替」及完成「轉換期」。但一直有不少人「唱衰中國」，尤其是二〇一六年之後發生「地緣政治」、美國打擊中國之後，「唱衰中國」的更多，本文就不替他們廣告了。結果如何？有待二〇三五年、二十一世紀中葉以後的人們再觀察。至爲期盼東亞包括兩岸能維持和平、發展，完成文明波的交替。

本書日文原著《中國文明興亡史》，基於民族情感及事實，譯者將之解讀爲「中國文明興衰史」，然尊重作者，特此誌之。

2024/1 商業周刊1886期報導「野心新中東」

四、對本書P.221至228頁及附章〈預測中國未來〉的簡論

1、本書p221-228頁先述及日本近代「社會系統」（Social System），以明治爲成長期、大正爲高原期，昭和時代發生的金融恐慌（1927），日本進入「社會系統」（Social System）的e點（衰點），清一色採取軍國主義的路線，將經濟不安的活路求諸於侵略中國……中國的抵抗極其強大……直到戰敗，來到g點（衰敗點）。

譯者感覺：作者以其慣用的「社會系統」（Social System）分析，有相當道理。只是從一八六〇年代的明治至一九四五年，僅八十五年，何其速也？是否軍國主義對文明的破壞力極速？又，戰後，日本在美國壓制下，採和平憲法，經濟快速回復、發展，成爲東亞的「領頭羊」，也甚爲快速，是否和一八六〇年代至一九二七年之時期構成double System？

2、本書P.229-248頁〈預測中國未來〉，是作者約於一九九〇年寫

的，譯者於二〇二三年底以「事後之明」簡略回看一下其預測：

（1）、作者提及「尊敬中國人，才直率進言」（P.233第二行以下）：提醒「天略」重於「戰略」、「戰術」（P230-231），提醒注意環境、車輛太多、能源、人口爆炸、都市問題（P231-238），看到這三十年來，北京、上海等大城市確實車輛太多，還好快速發展地鐵、規定單號、雙號各於單或雙號日才能開出，再加上近年來電動車的發展，部分減少了作者的擔憂，綠能的發展與作者建議以「水、氫」作新能源（P.234-235）的方向不謀而合。作者憂心的「人口爆炸」及糧食危機（P.235-237），自二〇二三年中國人口開始「負成長」而解除「一胎化」政策，壓力減輕了。但作者所建議的新農法及綠化革命、大規模培育森林，是好的，應繼續努力下去。譯者近幾年接觸到「里山主義」也是同方向。

作者也提及「新建材」、「新紙張」（P..237-239）也是好建議，但此些涉「技術」問題，譯者不懂，待識者論之。譯者於二〇二三年八月在江西鉛山縣見及「可用一千年的紙張製作法」，倒是比三十年就壞了的紙，好多了。

（2）作者主張「健康增進，才是眞正的文明生活」，「先進國家」在「冷氣箱」中過日子，產生許多「文明病」，中醫、太極拳、氣功是很健康的（P.239-240），我印象中作爲日本人的作者也略懂中醫藥。

（3）作者主張：新亞洲文明必須把戰爭視爲人類的惡習而結束它……（P.240 倒數第二行）、越戰使得美國「社會系統」（Social System）衰退（P.241第三行），作者建議開發以「波、能量」爲原理的「戰爭終止機」幫助好殺的人失去殺意。感覺有些像卡通，技術我不懂，待有識者論之。我倒是建議日本應保持和平憲法。

（4）大轉換期是大發明期：生產力、資金及情報（信息）集中於亞洲的潮流，二十一世紀文藝復興而孕育出新亞洲文藝復興（P242-243）！

（5）二〇〇〇年至二八〇〇年的中國

前述（1）至（4）可以說是作者的「理念」及期望。自P.244-248才是「預測」：作者認爲新中國「社會系統」（Social System）的 a 點在西元二〇〇〇年到來，這和譯者的看法頗一致，很巧的上文林毅夫於二〇二三年的演講中也提到西元二〇〇〇年。

作者也提到a點之後，台灣的合作是不可或缺的（P.245第五行），譯者認爲：台商的技術、資金、經營投資大陸，創造外匯，對大陸經濟成長的貢獻確實不少。

從a點到b點大約是二一〇〇年，c點約爲二二〇〇年（但有五十至一百年的不準確性）（P.245-246第一行）。新中國的全盛約在西元二二〇〇至二三〇〇年，大約持續一百年（P.246 第三行）……（何謂a、b、c點？請看本文前面有述）。

啊，那是很久以後的事情了，待讀者讀之及近百年後未來的人再爲評說了。

作者也提到：「缺乏修養而沒有成長、完成的人不該隨便預測未來，因爲以私心私慾來預測將會危害社會，村山節先生以上述意思來訓喻我們這些弟子，我勞記此言，但爲人類的進步試著預測……」（P.244），林英臣先生是出自「松下政經塾」的學生（我也參加過一次），於二〇二四年一月間，我在網路上看到林英臣先生已經設立「林英臣政經塾」多年，有不少各層民意代表、企業家及幹部上過該政經塾的課程，影響力日升。多年來我一直記得林英臣和角田識之所提的「天略、戰略、戰術」三層次。譯者前不久讀到程兆熊先生《一個人的完成》這樣的書及經五十年的人生歷練，於二〇二三年出版《歷史社會環境變遷的省思》的書，譯者才略爲知道「完成的人」之意，乃爲此譯者序及兼權充作爲本書的導讀。

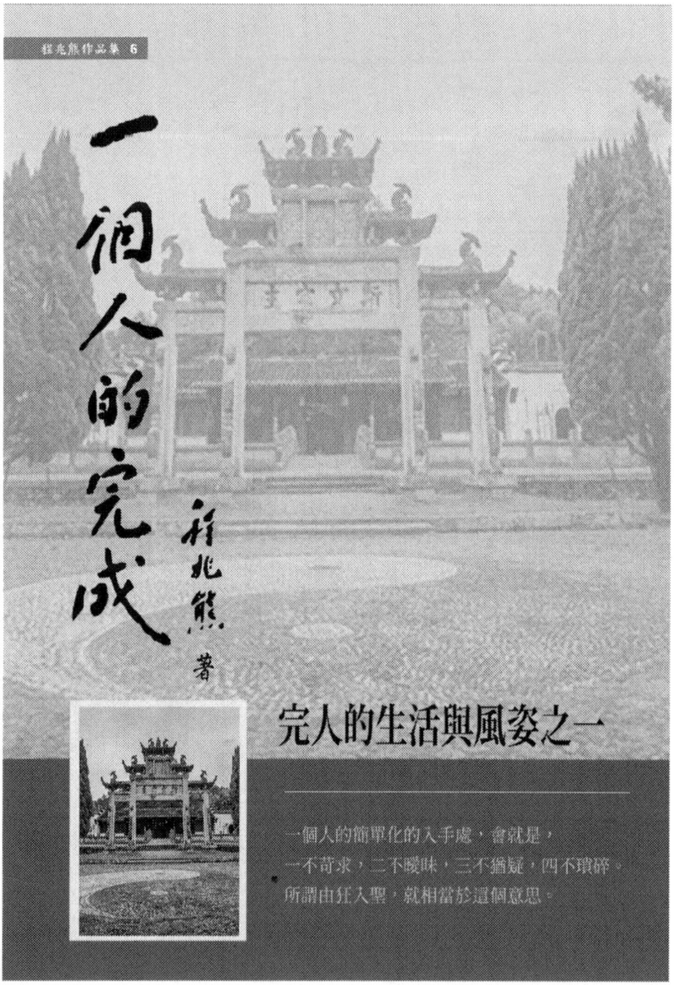
程兆熊作品集 6
一個人的完成
程兆熊 著
完人的生活與風姿之一
一個人的簡單化的入手處，會就是，
一不苟求，二不曖昧，三不猶疑，四不瑣碎。
所謂由狂入聖，就相當於這個意思。

五、譯者的疑惑與期望

1、二十一世紀起，全球傳媒、資訊往來快速，國際貿易也發達，是否影響「文明之交替」？使其加速？而不是一直是八百年才交替？或是使其「混雜」，呈現文明不是那麼明顯的高昂或是低潮？

2、二〇二二起的俄烏戰爭、二〇二三年起的以哈戰爭，以及中、美之爭，讓世人感到「戰爭的氣氛」，希望不要發生大型戰爭才好，如果一旦發生「核戰」，人類可能回到「石器時代」？那麼，可能就沒有西元二八〇〇年了？也沒有「社會瀑差價值」了？「文明交替」可能要重新從石器時代再開始了？希望人類「有智慧」超越「動物性」，不要再戰爭。

3、歐洲、美國的先行發展（達）累積了龐大的資金，如何影響世界尤其是中國的發展？對文明波及文明交替產生什麼作用？於二〇二三年起，美元因大幅升息引起全世界的變動，令人印象深刻，坊間不乏「貨幣戰爭」的書籍和說法，值得深研。美國已經負債三十兆美元，還可能繼續擴大，長期挺得住大幅升息嗎？其升息使各國貨幣貶值，是爲了收割他國？世界一切盡在不穩定、不確定當中，有待觀察並愼行。

4、二〇二三年起，AI突然大幅發展，再三、五年之後，不知道會如何影響世界？也帶來新的機遇和危機。

5、依供需原理，在四小龍的年代，全球能生產工業產品的人口佔全球人口的少數，利潤較高，然中國成爲世界工廠，再加上東南亞、印度之時，則能生產工業產品的人口已佔全球多數，其利潤降低，二〇三〇年以後的情況可能和二十世紀的情況不同。只有創新，像美國的七大科技創新巨頭公司、台灣的台積電及高科技公司，才有前景而能股票大幅上漲。中國面對美國的「晶片禁令」，也正大力創新發展，有待觀察結果。從「文明法則史學」的原理來預測，應是樂觀的。

六、二〇二四年一月十七、十八日印象與台灣（中華民國）的角色、東亞需要和平。

在中國大幅發展的過程中，台灣扮演什麼角色？

二〇二四年一月十三日，台灣完成總統及立委大選，美國代表隔日訪台，一月十六日股市跌199點，外資賣超450億元，一月十七日台灣股市又跌185點，外資再賣782億元，爲史上第三大。兩天合計1232億元。一月十七日，香港恆生指數也跌3.71％，成爲15276.9點，爲二〇二二年十一月以來的新低。大陸上海上証A股跌2.08％，成爲2833.62點，爲二〇二〇年五月以來的新低。韓國也跌，金正恩發射飛彈，將南韓列爲頭號敵對國家。從日本海、台海、南海、紅海都不平靜。

中國人史客郎在網路上對台灣一月十三日選舉表示意見要旨指出：

1、日本、韓國、台灣於一九七〇年代起快速經濟發展，是因爲不再是「戰爭前線」，因爲一九七二年尼克森訪華，中美和好。

2、現在美中對抗、一月十三日台灣選舉結果，日、韓、台又將逐漸回到「戰爭前線」，外資會撤走、經濟會向下滑。

3、中國弱時，島鍊是美國攻擊的基地；中國強時，島鍊是套死美國的鎖鍊。

https://mp.weixin.qq.com/s/JJ2WucR08m7Lwz3_sV0Kdw

台灣二〇二四年一月十六、十七日的大跌，是否反映「戰爭氣息」的開始？當然，不只台灣，如上所述包括上海、香港、韓國、日本等東亞地區皆跌。然而，一月十八日台灣神山台積電上漲三十八元（1/17法說會），來到626元，僅台積電的市值就增加了台幣9854億餘元。聯發科上漲二十三元來到920元。股市上漲353點，外資又「認錯」買超801億，史上第二大買超，台灣還是有很強的科技產業撐著。民主、科學！經濟！文化！自由、人權！五四以來的努力，台灣表現先行與不賴！也是中華寶貴文明的一部，孰忍心摧毀它？衷心期盼台灣、大陸、東亞包括台海眞需要和平的環境！祈禱！

本書的作者於書中第十、十一、十三、十四、二二七頁也述及台灣（中華民國）與中國（大陸）的關係，雖然簡短，卻值得細細品味。

在此，本文推薦大家重視大陸學者李義虎在人民出版社出版的書中所主張的「一中二憲」、「一中三憲」和「坦尚尼亞及尚吉巴」模式，統合了「大陸」（坦尚尼亞）及「島」（尚吉巴）的和平共存。

在此，本文推薦大家重視大陸學者李義虎所主張的「一中二憲」、「一中三憲」和「坦尚尼亞及尚吉巴」模式，統合了「大陸」（坦尚尼亞）及「島」（尚吉巴）的和平共存。

吳俊材 James WU：

我現在（2024/1/18）在深圳出差，就我所見及拜訪客戶所聞，經濟是處在低谷，但是也並非蕭條，業界普遍認爲今年會稍微好一些，惟房地產將持續低迷。

呂榮海：

感謝你來自深圳的實地信息與觀察。

吳俊毅：

又是史郎客……都已經什麼時代了，還在說沿海島鍊？

經濟日報

中華民國113年1月18日 星期四 第20641號 經濟日報網 money.udn.com

外資殺台股 再賣782億

史上第三多 國家隊全力護盤仍不敵賣壓

記者王皓正／台北報導

地緣政治風險增溫、加上總統大選後政局變化，台股昨（17）日在外資大賣超782.2億元的衝擊下，指數大跌185點，雖然盤中以八大公股行庫為首的國家隊攜手投信進場救市，試圖力挽狂瀾，終場仍不敵外資賣壓，終場重挫1%，收17,161點，成交量則擴增至3,917億元，連續第二個交易日「價跌量增」。

相關新聞見A2

國安基金、證交所、櫃買信心喊話

穩市措施 必要時出手

2024 年一月18 日經濟日報二版

外資股市期市套利 兩頭賺

股票營造偏多氛圍 吸引買盤追價 期貨大布空單 乘機獲利了結 大割韭菜

金管會救市 有16招可用

鴻海失守百元 聯電跌破50元

2024年一月18日經濟日報二版

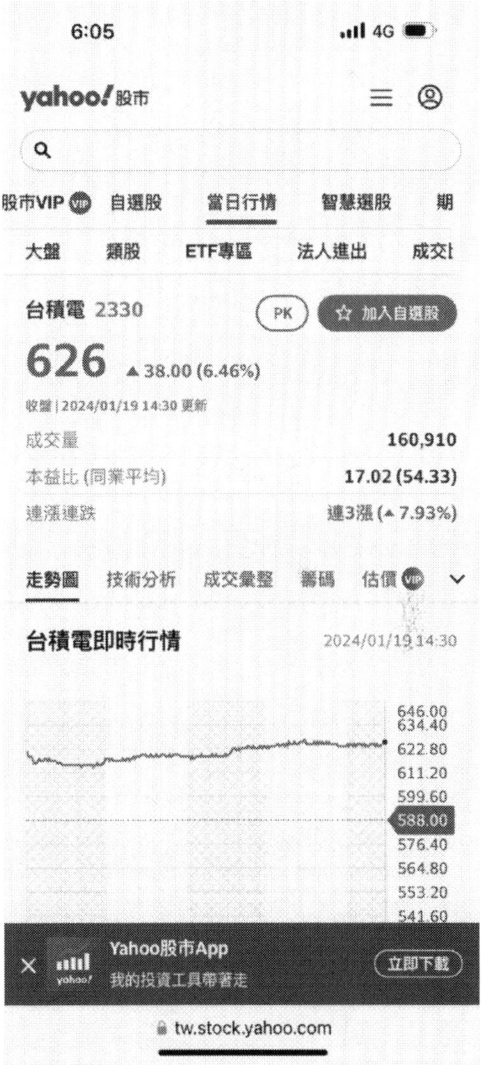
6:05
4G
yahoo!股市
股市VIP
自選股
當日行情
智慧選股
大盤
類股
ETF專區
法人進出
台積電 2330
PK
加入自選股
626
▲38.00 (6.46%)
收盤 | 2024/01/19 14:30 更新
成交量
160,910
本益比 (同業平均)
17.02 (54.33)
連漲連跌
連3漲 (▲7.93%)
走勢圖
技術分析
成交彙整
籌碼
估價
台積電即時行情
2024/01/19 14:30
646.00
634.40
622.80
611.20
599.60
588.00
576.40
564.80
553.20
541.60
Yahoo股市App
我的投資工具帶著走
立即下載
tw.stock.yahoo.com

七、迴響

歐東華（前基隆高中校長）：

我不同意作者他從400BC論起！因爲400BC之前，可以是東方中國的高昂時期，怎可不論？

更何況400BC-400AC要說是西方的高昂，而東方從漢朝以來，卻說是低潮，這有待研究，所以這本書對文明的標準，觀點有些問題！

呂榮海：

回覆歐校長：

1、作者有述及400 BC之前的文明波及交替，例如提及400 BC之前的西周時期即中國文明的「高昂期」，本文只是呂律師所爲「簡述」序言時不得已省去的，書中有述及。

2、關於漢朝的實力，我原來的初步感覺和歐校長是一樣的，但強弱是相對的，細思希臘、羅馬的創造力、文明文化可能更勝於漢朝，漢的武力雖強，初步給人好印象……但在文明文化的創意嫌弱。又讀了《史記平準書》才知軍事勝利的代價是拖累了財政，大幅降低了人民的幸福度。不過，這些是見仁見智的。

蕭新永：

經濟發展的雁行理論的軌跡（由東而西）。現在換成中國這隻大雁，透過一帶一路倡議及執行，也是由東向西。

雁行理論（日語：雁行形態論，英語：flying geese paradigm），又稱雁行模式等，是由日本經濟學家赤松要（1896-1974）提出的經濟發展理論。當初四小龍的經濟發展是由日本這隻大雁帶領飛行。後來中國大陸的經濟發展也在四小龍等大雁帶領（更有日本、美國的支援），現在大陸這隻大雁也是一樣。共同的飛行方向是由東向西。

呂榮海：

雁行理論與文明波動可以互相佐証，文明波指出雁行的方向由東向西，雁行原理紮實了文明波動及文明替代。

王麗娟：

我是福建人，二〇二四年一月份我去成都玩了九天八晚。現在淡季，有些地方門票半價，淡季機票和住宿也便宜很多，當然，景色也打了一點折扣。但見慣了常年青山綠水的福建人，去領略一下四川蕭瑟的冬天，也是有不一樣的感受和感悟。

四川十幾年前我去時，只留下「貧困」的印象，成都都破爛不堪，鄉下更是山路崎嶇，毫無生機。四川人多地少，許多四川人到全國各地打工，福建一說農民工就會聯想到四川人。這次眞的感受到「天翻地覆」。福州諸位都來過，福州這些年也算建設得不錯了，但跟成都比，格局小太多了。成都更現代化、更有設計感。關鍵是成都人還挺質樸，留有很濃的人間煙火氣。反正我是愛上成都了。

成都周邊旅遊資源特別豐富且有特色，交通設施，旅館飯店也很完備。非常好。

前年，我還去了山東河南，泰山曲阜嵩山少林寺龍門石窟等地。也是很值得去的地方。

大陸太大了，走也走不完。很多地方你去過一次還想再去。九寨溝、張家界都超級棒！

旅行感悟，可翻看我十二月二十四日以後的朋友圈。

呂榮海：

你對福建福州、四川成都這二十年的印象及變化，印證了中國東部（福建）與中西部（四川）的文明波由東向西發展的原理。一九八九年我第一次從東方的台灣去西邊的福建時，對福建也有類似你十幾、二十年前對成都的印象。二〇〇三年我去過成都，那時成都剛開始有房地產市場，但現在福建、成都都發展起來了，福建福州又比成都先發展，也都有地鐵了。

成都於二〇一〇年開通營運第一條地鐵1號綫，至二〇二三年十二月底已有十三條地鐵，計劃至二〇三五年達到三十六條綫、一千六百六十六公里的規模。重慶市的第一條地鐵於二〇〇四年十一月營運，至二〇二三年已有十一條路綫營運。陝西省西安市地鐵第一條綫於二〇一一年營運，至二〇二三年十一月已經有十條綫營運。蘭州地鐵1號綫於二〇一九年營運、2號綫於二〇二三年六月二十九日營運。更西部的烏魯木齊市（迪化）的第一條地鐵於二〇一八年營運，27.6公里，該市計劃興建八條地鐵、四條城際軌道，是大陸第三十五個有地鐵的城市。西寧、銀川亦皆有規劃建設地鐵中。非省會城市的洛陽市的第一條地鐵於二〇二一年開通營運。以上或可代表大陸中西部的發展進度、狀況。在「社會瀑差價值」高的時期，快速建設基礎建設。

最後，感謝徐正群先生、角田識之先生、王永濬先生、蘇運金沈秀珠夫妻、邱崇仁先生等人當時召集、運作了「亞洲文藝復興協會」（APRA），我才有機會接觸此書事。正是：

把酒祝東風，
且共從容！
垂楊紫陌洛城東，
總是當時攜手處，
游遍芳叢，
聚散苦匆匆，
此恨無窮！
今年花勝去年紅，
可惜明年花更好，
知與誰同？
（〈浪淘沙〉／歐陽修）

2024/1/19 參加台東縣不動產經紀商公會尾牙，人氣很旺

目錄

第二章　先秦時代的文化

- 殷的文化
- 周（西周～東周）的文化
- 周的A型文化
- B型文化與「詩經」
- C型文化與「禮樂」
- D型文化與諸子百家
- 儒家
- 道家
- 墨家
- 法家
- 其他的學派

附　章　預測中國未來…………229

序章　基本理論

文明法則史學

世間沒有不會興亡的國家，也沒有不經盛衰的文明，歷史已經證明，繁榮和衰亡交替循環。文明法則史學是一種宏觀史學，旨在說明此種交替循環一定的周期性和法則性。

此種史學的研究對象，涵蓋人類的全部事蹟，包括政治、經濟、科學、文學、戲劇、藝術、思想、哲學、宗教等等。換句話說，它是一種綜括六千年人類歷史全體面貌的綜合學問。

以循環論來思索世間事務，可以說是亞洲共通的世界觀。中國哲學中基本的陰陽論，顯示「陰極陽轉」、「陽極陰轉」的循環論；佛教也主張藉輪迴而靈魂轉生的說法。從而，文明法則史學雖提自日本，但其精神基本上是亞洲的主流，應是亞洲人共同孕育的學問。

構築此種史學體系的偉大研究者，是一九一一年出生的文明評論家村山節先生。村山先生於半世紀以前的一九三七年發現了文明的法則性。

文明法則史學的架構

社會的基本單位，不待言，是個人。集合個人，可形成家庭、社會、企業體。特別大的集合體，可形成國家，在國家有成為底層的文化，加上多數的人口、統合的向心力、產生經濟力，加上時運，而展現出一定的興亡類型。

這種融合政治、經濟、文化等因素，構成所謂的「社會秩序＝social system＝SS」，其興隆→全盛→衰退的平均壽

圖・序1　社會秩序發達的周期（循環）

（ICC＝4 SS的法則）

社會秩序發生的標準型

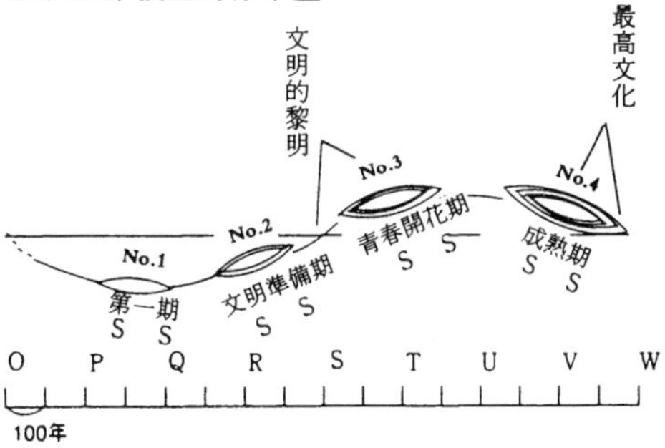

出自村山節著「文明的研究」一書中D圖

命，通常為三百年。在中國文明方面，依次為殷（商）SS、西周SS、東周SS、前漢SS、後漢．三國SS、北魏．南北朝．隋、唐SS、宋SS、明SS、清SS。

然而，一方面有SS存在，作為下部構造，另一方面，以一千六百年為一周期（circle），存有進行文明創造活動的宏觀文

圖・序2　人類東・西文明交替發展社會模式

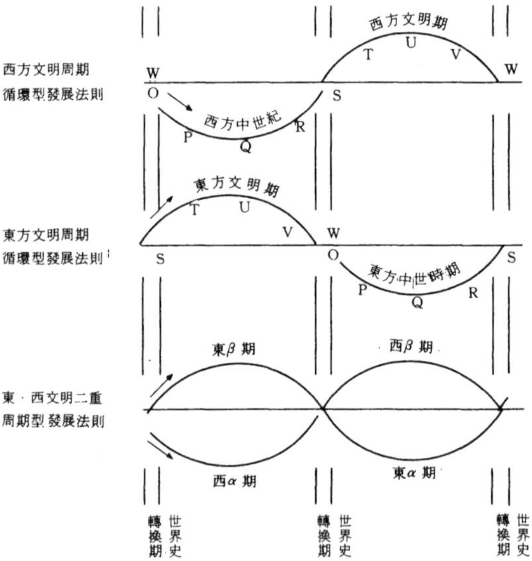

註：O−S間相隔8世紀。S−W間也相隔8世紀

世界史約隔七世紀為一轉換，每一轉換期約為一個世紀的期間。

出自村山節著「文明的研究」一書中B圖

明波，此稱為「文明周期＝civilization circle＝CC」。CC可分為前半期及後半期，前半期的八百年屬於「低調期，準備期，α期」，後半期的八百年屬於「高調期，創造期，β期」，世界帝國之出現、創造國際文化的，屬於β期。並且，從α期到β期具有連續性，β期結束，即完成一周期的CC，進入激變

圖・序3　SS生涯的典型模式

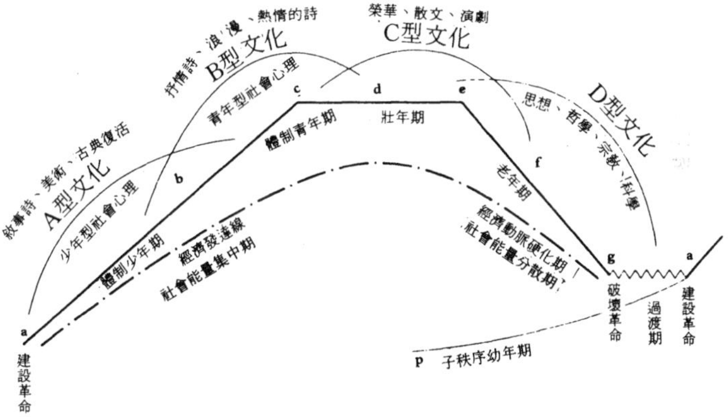

出自村山節著「波動進化的世界文明」一書六法出版社

期。

在地球上存有兩個CC波（文明波），其一是東文明波，另一個為西文明波。東文明波從美索布達米亞文明以東，到印度文明，至中國文明、日本文明。西文明波包含北非埃及文明及歐洲文明。這兩波文明交錯循環，每八百年，東、西的高調期互相交替，即二文明波晝夜交替。

特別是，東西文明的交替期（轉換期）約為一百年之間，可稱為「文明交替期」，在交替期間（轉換期間），發生大的民族移動，亞力山大帝、成吉斯汗分別活躍的時期，都是世界史激動的轉換期。

CC以SS為下部構造，因此，以下對此加以說明。一般而言，CC的α期有兩個SS，CC的β期也有兩個SS，也就是，一個CC約等於四個SS。也可以這樣說，一個CC依序是第一型（No.1型）SS、第二型（No.2型）SS、第三型（No.3型）SS、第四型（No.4型）SS。在文明交替期（轉換期）後，第一個出現的是第一型SS，屬於激變期收縮型SS，其次是第二型SS屬文明準備型、第三型SS為青春開花型、第四型SS為成熟型。一般而言，文藝復興的精神及藝術開花屬於第三型SS，而創造最高文化、高深哲學、產生宗教的，則屬於第四型SS。

中國四千年文明史

以下就中國四千年文明史作扼要的介紹。

東方β期的文明約在公元前兩千年崩壞，從公元前二千年後約一百年期間，為文明交替期。在該時期，中國發生激變應可想像，但因無史料可知而不加以論述。

傳說的夏王朝（從那一年不詳到推定公元前一五五〇年左右）如果屬實，應屬第一型SS。考古學上被認為存在的最古王朝殷（或稱商）（公元前一五五〇年左右至公元前一〇五〇年？）屬於第二型SS，殷商的青銅器文化發達、甲骨文字的出現，均屬文明準備的現象。

此時期是中國文明的α期（公元前二〇〇〇年至公元前一二〇〇年），而在西方則屬於β期，埃及文明（中王國、新王國）、愛琴海文明、西台文明，均屬繁榮。

中國文明一進入β期（公元前一二〇〇年至公元前四〇〇年），發生周朝革命（公元前一〇五〇左右），依次產生第三型西周ＳＳ、第四型東周ＳＳ（春秋戰國）。在東周ＳＳ，出現孔子、孟子、荀子、老子、莊子、韓非、墨子、吳子、孫子等諸子百家，中國古典思想幾乎完全創造出來，屬於哲學的大成熟期。

東周ＳＳ的後半期同時是ＣＣ的交替期（轉換期）（公元前四〇〇年至公元前三〇〇年），戰國時期成為分裂期。

終結戰國時代，在東周ＳＳ與下一個前漢ＳＳ的谷底間活躍的是始皇帝的秦。

在上述期間（公元前一二〇〇年至公元前四〇〇年），西ＣＣ則進入α期，又如何呢?希臘在愛琴海文明滅亡後約過了四個世紀的黑暗時代，從α期後段約四分之一，又開始早熟的希臘ＳＳ（第三期）活動著。

接下來，進入α期的中國ＣＣ，前漢ＳＳ屬第一型、後漢三國ＳＳ屬第二型。這兩個ＳＳ的文化以繼承先秦文化為主，儒家以古典復古及訓古為主，一般而言，學問衰微，雖然對古典學術予以溫存發酵，但欠缺文化創造的活力。

相對的，西方ＳＳ則進入β期，先是西臘ＳＳ、繼而是羅馬ＳＳ，建立以地中海為內海的大帝國，偉大的羅馬文明開花結果。

接著，在五胡十六國大亂的谷底，出現的SS是北魏．南北朝．隋．唐SS。此SS屬於β期前半段青春開花內容的第三型SS，創造了中國文藝復興式的藝術，顧愷之的繪畫，王羲之、顏真卿的書法等等天才輩出，敦煌、雲岡、龍門的石佛、佛畫也都舉世聞名。唐朝也輩出世界第一級的詩人、人口逼近百萬的國際都市長安住有許多外國人，盛讚當時世界最高水準的文化，形成以唐為中心的東亞文化圈。

五代十國時代為SS的過渡期，繼之登場的是第四型的宋SS，也（和東周）一樣是諸子百家出現的類型，為β期後半期，一個CC將結束，另一CC將開始循環。在此SS，也於思想文學、哲學方面，人才輩出，追求宇宙與人類之關係及太極、陰陽、理、氣、數理哲學。

在上述中國CC的β期（四〇〇至一二〇〇）文化創造活動期間，西方CC又如何呢？歐洲發生日耳曼民族大遷徙，基本上屬於自給自足的中世紀靜態社會，為α期的睡眠期。

至此，從前漢SS至宋SS，經歷四個SS，一個CC周期結束，接著，到了文明交替（轉換）期（一二〇〇至一三〇〇）的大變動，擔任此任務的是成吉斯汗的蒙古軍。蒙古軍滅了南宋、阿帕斯王朝、攻占西北印度，也征服了俄羅斯、德國、波蘭聯軍，造成歐洲的恐怖。蒙古軍雖在很短的時間內建立了大帝國，然而，也隨著文明轉換期任務的結束而於草原中消失。

其後，中國進入CC的低調期。第一型為明SS，第二型為清SS。明的儒學為形式化的東西，學問發展閉塞，文化創造力低調；明初雖然國力強大，但常苦於北方民族的入侵和倭寇。

滿州人建立的清，為了壓制反清思想而禁書，並對違反者處以極刑（文字獄），漢民族的活力低落，清朝處於SS的衰退期時，飽受歐洲列強及日本帝國的侵略。

在另一方面，進入β期（一二〇〇到二〇〇〇）的歐洲，經過文藝復興及大航海時代，於全世界殖民，完成產業革命，征服了世界。所謂先進文明，源自歐美。

一九一一年辛亥革命終結了清SS，中華民國誕生，接著，第二次世界大戰後，國民政府移往台灣，中國大陸成立中華人民共和國。從文明法則史學的觀點而言，一九一一年至今日（寫於一九九〇年代）為止，分析起來，仍處於SS的過渡期。

從地理、歷史加以思考，可惜的是，只以台灣一國之力，孕育SS似屬無合理性，因此，獨自路線似有界限，另一方面，中國大陸的共產主義體系，由蘇聯崩解來看，也無法產生SS。超越共產主義，開始發展出新SS，雖然尚未到來，但也已經迫近，斯時，台灣的存在具有非常大的意義。新SS的創造，應是大陸與台灣的共同事業與共同目標。可以預測，此後，是東方CC的β期，新亞洲文藝復興將盛大開花。

因此，作者在此擬提倡「自由中華聯邦構想」，以自由民主化後的大陸為主體，與台灣及香港構成聯邦體制。

學習文明法則史的意義

一、學習過去的成功或失敗

自古以來，史學即為帝王之學問。學習歷史上成功或失敗的例子，足以作為政治判斷的材料或未來的指針。

二、得知現在所處的歷史位置

歷史是呈波狀性的流動，我們有必要知道自己現在所處的時代，是在CC或SS波的哪一個位置。因為如果無法得知現在所處的位置，便無法立定目標。

如今，地球正進CC波中的文明交替期。理論上，二〇〇〇～二一〇〇年是交替期。但是村山先生分析說，如果將誤差考慮在內的話，則一九七五～二〇七五這一百年間，則是轉換期。這段時期極不安定，若有一步之差，則人類必將滅亡。

事實上，西文明波已經開始出現崩壞的現象。自從一九七三年第一次石油危機以來，歐美長期陷入了經濟不景氣。美國在一九八一年轉成了債務國，整個國內不斷為麻藥、殺人犯罪增加、愛滋病等問題，弄得頭痛不已。一九八九年東歐發生劇變，柏林圍牆瓦解。一九九一年蘇聯解體。曾經叱吒一時的西歐諸國逐漸沒落，開始爭相團結（EC市場統合等）。這些正是文明交替期的徵兆。諾斯德拉達姆斯（Nostradamus）的長篇預言詩的流行，也正反映了轉換期的末世心理啊。

與此情形相反，東文明波卻正逐漸由α期的睡眠中舒醒過來。亞洲NIES、

ASEAN等國的經濟急速成長，東亞經濟共同體的構想已非夢想，只要能結合東俄羅斯的資源、中國的勞動力、日本、韓國、台灣的技術能力，便極有可能實現。

誠如北義大利正因為累積了十分豐富的資源及情報之後，才促使文藝復興開花結果的。相信以東亞經濟圈所聚集的能量，終有一天也會孕育出新亞洲文藝復興才對。不過，它必須得先具備足以挽救地球及全人類諸危機的希望，以及解決環境等其他問題的能力才行。

至於之後的SS，我認為世界性使命逐漸高漲的日本即將開展出新SS，中國現在則是處於新SS即將誕生的位置。今後即將開始發展的中國新SS，究竟會為世界帶來什麼樣偉大的貢獻呢？擁有四千年古老文化的中華民族，蘊藏著無可限量的潛力。

三、立志

儘管文明法則史是一門背誦的學問，但它決不是為增廣知識的學問。它是一門立志的學問，要讓我們了解自己所處的位置。所謂立志，是指下決心為使命而活。

當今有關台灣統獨的問題議論相當激烈，重回聯合國的問題亦再度被炒熱，可以說它正處於政治的大轉換期中。台灣該如何達成它所被賦予的使命呢？此時正是它面臨重大抉擇的關鍵點。已經完成資本主義經濟發展的中華民國台灣，決不是由於國民政府一時的移動而成立的。不論是對中國文明的未來，或者是對新亞洲的文藝復興而言，它都存有一份使命才對。

至今文明法則無法被發現的理由

一、考古學的不發達

由於炭素14等考古學上的年代測定法的確立也是直到最近的事，因此，記錄不明確的遠古時代的事，更是難以得知。譬如說敘利曼（Schliemann）發掘特洛伊遺跡是在一八七一年，艾維斯發掘克里特島的遺跡也是一九〇〇年的事，兩者都只不過是一世紀前的事而已。

換句話說，在研究文明法則史上，資料不足是第一個理由。

二、劃分年表的幅度沒有一定

無論哪一個歷史年表都一樣，由於古代甚少書寫，因此幅度較窄；但愈接近現代，記述的內容增加，也因此所敘的幅度較寬。如此一來，因為時間軸的不穩定，所以無法施以統計上的處理。

文明法則史學是由製作幅度一定的年表為出發點，進而去發現類型。

三、受到以歐美爲中心的歷史觀的影響

哥倫布發現新大陸已經五百年了。雖然說是「發現」，但這是以歐洲人的觀點來說的。就原住民而言，不過是一場浩劫或遭到入侵而已。

此次β期的歐洲文明，掌握過多全世界的金錢、財富、資源，以至於從政治、經濟、學術乃至生活樣式皆變成以歐美為中心。由於歐洲人由古至今一直持續支配著全世界，因此令人產生此種支配權會永遠持續下去的錯覺。

因此，西文明與東文明一直無法做相對性的評價。此外，由於歐洲沒有輪迴的思

想，因此無法發現東西文明交替的事實。

四、以部分的研究爲優先

科學研究的基本在於將它的研究對象單純化、局部化，也就是所謂的Simple location。決定好專攻的領域，做部分的研究。歷史學也不例外。以研究中國史為例，大多是「於唐玄宗的政治體制下，有關募兵制的導入及其社會背景。」之類的題目。像是關於ＯＯ記錄上的××等……，題目愈分愈細。像這種以詳細研究某一點的學者，就算有幾千人，也難以看出文明的巨流。

當然，我決非在否定由過去到現在的歷史研究成果。與其說是否定，無寧說文明法則史學正以此為立腳點。文明法則史學是以過去深入細微研究的歷史事實為基礎，進而由小見大去掌握人類史的整體面貌。

比起日本民族來，也許文明法則史學更適合中華民族也說不定。受到如大河般源遠流長的歷史所孕育出的中國人民，比起心胸狹礙的日本人，當然更能自在暢快地吸收文明史吧！

我對那些脈脈相承中國文明的漢民族由惡感到尊敬，更期待他們更創造下一個新文明。

重新審視東方的睿智

對於世界的動盪不安以及人類直接面臨環境破壞等危機的挑戰，羅馬俱樂部（club of Rome）終於將它定名為「地球大規模的革命」。共產主義的理想出現破綻，以肯定個人慾望為基本的舊有型資本主義又沒有解決這項〈革命〉的能力。地球的溫室效應、酸雨、森林滅己、砂漠化、動植物瀕臨滅種等諸問題，是無法以市場經濟上的考量去應對的。

從文明法則上來看，可以確定的一點是，今後將是東文明波躍升為主角的時代。一旦東文明成為主導，那在哲學或世界觀方面亦是如此，因此，我們有必要重新審視自己的立場。佛教的慈悲為懷、儒教的仁、老莊的無為、日本思想中的和等等，學習東方的睿智如何呢？無寧說這些哲學中隱藏著足以克服「地球大規模革命」的哲理。也就是必須先從理念開始的文藝復興。

第一章　先秦時代

孕育中國文化的黃河

「大天龍　清清流　友情的花朵處處開……」這是我畢業的中學母校校歌中的一段歌詞。所謂大天龍，是指以大暴脾氣著稱的日本一級河川——「天龍川」。在日本有一公里寬幅的河川，就算得上是全日本的代表性河川。但如果從中國人的眼光來看，可能只不過是一條小河流罷了，若要說是一級河川，恐怕就要貽笑大方了，對中國人而言，看不到對岸的黃河或長江才夠資格稱作大河。

距今十多年前，當我第一次到中國旅行時，我站在黃河的支流——渭水河畔，看著滾滾奔流的河水，深深感到現在自己正站在浩瀚的中國歷史面前而感動，至今仍然記憶猶新，黃河才可真正說是中國文化的母體啊！

傳說中的王朝

傳說中太古，曾出現被稱為「三皇、五帝」的聖天子。「三皇」指的是伏羲、女媧及神農；而「五帝」則是指黃帝、顓頊、帝嚳、堯及舜。其中神農與黃帝亦是中國醫學之祖。

堯帝「鼓腹擊壤」的仁政最受稱頌，而其並將帝位「禪讓」給舜帝的事跡是眾所週知。舜帝居住在廣聚人德之地而為堯帝所握拔。之後舜帝亦是摒棄私心，未將帝位傳給不成才的兒子，而讓予治理黃河有功的禹為後繼者，禹的兒子啟也是一位賢人，故而繼承了禹的地位，這也是夏朝帝王世襲制度的開始。

啟之後過了十五代，夏朝最後的帝王桀，因逆天無道而喪失天子的資格，被殷湯王所討伐，諸侯順從於湯的仁德，中國的歷史轉移到了殷王朝。

自三皇五帝到夏王朝為止，為傳說中的朝代，考古學上被確認存在的歷史，則是從殷王朝開始的。

殷王朝

殷王朝開始支配華北地區、推定大約是在西元前一六〇〇～一五〇〇年左右。同一時期開始有了青銅器的製造。

殷代諸位帝王不斷的遷移首都，到第十九代盤庚定都於商，此時大約是在西前一三〇〇年左右，是殷王朝最為強盛的時期，較之世界各地的青銅器，殷王朝製造出擁有高度卓越技術及藝術價值的青銅器，也是在這一個時期。

殷實行的是祭政合一的神權政治，並利用獸骨占卜（用火燒龜甲或獸骨進行占卜）來判斷神旨。

與遠地的貿易，也繁盛的進行者，在殷墟（商邑）中發現有中亞的玉石、南方產的子安貝和象牙等物品，可以想見交易的利益亦支撐了殷的繁榮。

殷墟的發現契機來自於中藥店。西元一八九九年，一名姓劉的學者，偶然於北京的中藥店買到藥名為龍骨的動物骨頭，發現其上刻有無從辨識的文字。這成了發現的契機。這個稱為龍骨的東西，原來是牛骨或龜甲，在古代殷王朝的占卜師將背面用火烤過後，透過表面形成的裂痕判斷吉凶，占卜未來。其上的文字後來判明就是紀錄吉凶的卜文——甲骨文。後來更因為調查龍骨的出土場所，而發現了殷墟。根據調查甲骨文的結果，更證明了商邑正如「史記」所記載的是自第十九代盤庚皇帝到紂王的首都。

殷周革命

殷王朝最後的帝王——紂，沈溺於「酒池肉林」的漫長夜宴，更以看著將犯人推入火堆中的「炮烙之刑」而取樂。聽不進勸阻非行的諫言，諸侯漸漸向背，終於被興於西方的周族的武王所消滅，並將首都定於西安附近的鎬京，建立了周王朝。推定大約於西元前一〇五〇年左右（有諸種說法）。

武王的父親文王是一位德望極高的人物，而被任命為西伯（西方諸侯）。有一次，二個小國為了田地的邊界而起了爭執，為了請公平的西伯幫忙作仲裁，雙方的使臣一同來到了周境，他們卻看到了周裏的農民，竟在互相的禮讓田地。他們見到了以後感到非常的慚愧，未見西伯即各自反國，這一次二國交界的田地卻因堅持相讓而未被取用了。這位文王之德，被武王所繼承而建立了殷周革命。

文王的母親是殷族，所以他可以說是周族與殷族的混血兒。這主要是基於殷的連姻政策，但也表示了周的力量正在逐漸成長中，而殷的目的卻是透過西伯的爵位傳給具有殷族血統的文王，以施行殷所謂的「外敵操縱法」。

殷周革命雖是一個巨大的變革，但在殷周之間從α期移行到β期時，具有以下的連續特性：

「有相當數目具支配權的諸侯國家，保持著傳統的族制，被帶到了宗周或更西之地吧？」（中略）

在周室的貴族中，可以發現很多出身於殷系……。（中略）

據推測屬於殷王室中從事手工業的優秀氏族，亦保持原制，多數被帶到宗周之地。而在養蠶、製造青銅器、陶器、漆器等文化層面，殷亦較周進步得多，也就是說周有非常多需要向殷學習的地方。

「從殷的王室到有力貴族的遺族，都被周承認其王族的身分，例如殷的一位王子成了宋國的君主，其他的貴族們，有的受禮遇為極具名譽的軍士、或有的以遺族身分成了諸侯國家的大臣。」

西周的發展

武王於建國二年後病死。其子成王繼承其王位，但因年幼，便由周公（武王之弟）輔佐政事。周公因被懷疑有纂奪帝位的野心，一時之間出現了許多奪權者，造成了一時的混亂，最後周公仍然突破困難，使周成長茁壯，周的版圖最後遠遠超出了殷的時代。

「起自周成王到康王、昭王、穆王為止，西周初期的國家發展，出現了令人眩目的成就。依據最近的發掘，其青銅器文化是以陝西省南部的平原地帶為中心，東北起自遼寧省的南部，南到河北省的大部分與山西省中部，囊括了河南、山東、江蘇及安徽的全部，亦涵蓋了湖北省的漢水流域。超越殷王朝的固有勢力範圍——華北大平原，向北推進到滿州的一角，向南拉展至揚子江下流的江南地區。」

殷與周在統治上具有不同的根本。相對於殷採用祭政一致的神權政治，周則以道德實踐，以禮為基本，實行的是禮祭一致的政治。

西周的衰退

由周第一代的武王，到了第四代的昭王時期，即已出現了王朝國力的動搖，周邊境的異族諸國開始出現反叛。昭王親征了南討，卻歿於揚子江上。接下來的穆王雖鎮壓了北方的犬戎，但軍事上的強壓政策，卻反而刺激了異族的獨立運動。

其後經第六代共王、第七代懿王，周的勢力逐漸衰退，到了第十代的厲王時，竟被人民自王位上放逐，而產生了十三年的空位時期（西元前八四一～八二八）這樣一個大混亂。在此之前逐漸富足的新官僚、工商業者與貧窮百姓和沒落貴族之間形成了對立，厲王選擇與前者合作，遂引起了以首都百姓為中心的大反亂，演出了一逐放劇。

這是一個階級替換的現象，是西周SS的g點（西元前八四一）。「史記」的記載是從空位時代的第一年開始的，所以西周SS指標點中的年數可以具體可考的僅g點而已。

ａ點是在周興起的時刻這是無庸置疑的，而諸考據有五〇年左右的誤差。ｃ點、ｅ點因無記載年，故無法訂定。空位時代的十三年間，成了ＳＳ的過渡期。

周王朝中興

厲王死在亡命之地後，其太子（宣王）被找出而即位（西元前八二七）。這成了ａ點是東周的開始。宣王極為活躍，打倒匈奴、平定南方之亂等，再度讓周王朝的權威中興了起來。

「宮廷詩人留有許多稱讚宣王是周王朝中興名君的詩篇。隨宣王親征的兵力，超過馬車三千台，步兵三萬人。當年周武王擊破殷紂王的牧野決戰，參加的馬車也不過三百五十台、兵力更只有十分之一。周宣王承接了十三年的大空位時代，卻將周王室的勢力恢復到此地步，宣王的功勞，值得大書特書。」

但是到了名君宣王晚年時，卻在政治與軍事上嚐到了失敗，結束了近半世紀的盛世，接著幽王即位。

暗君幽王與周室東遷

宣王之子幽王是位暗君。幽王有一位愛妾，為了她，幽王可以廢除皇后所生的太子，這位愛妾，名叫褒姒。為了迎得美人一笑，幽王在使盡各種方法無效之後，下頒征招書。征招書是遇到異族入侵之際，帝王緊急招集諸侯的兵令，褒姒看了慌慌張張遠奔而來的諸侯，個個在知道受騙後的洩氣模樣竟令她大笑了起來。幽王感到十的滿意，其後只要想目睹褒姒的笑顏時，便每每頒布了假征招書。終於令諸侯們喪失忠誠，在真正的外敵攻來時，喪失了對征招書之信任，幽王最後被殺。此事發生於前七七一年。

此一時期，漢族與異族間的對立逐漸激烈，從山西、陝西等北部入侵的異族，入侵導致暗君幽王的敗死。

諸侯讓倖存的太子於洛陽即位，並將首都東遷至此（西元前七七〇年）。原都鎬京受到大掠奪，周已倫落為徒存宗主權之名的一方小國了。這一變動可分析為β期中期的短暫黑暗時代，然後進入被稱為「春秋」——都市國家林立的時代。

圖1-1　先秦時代

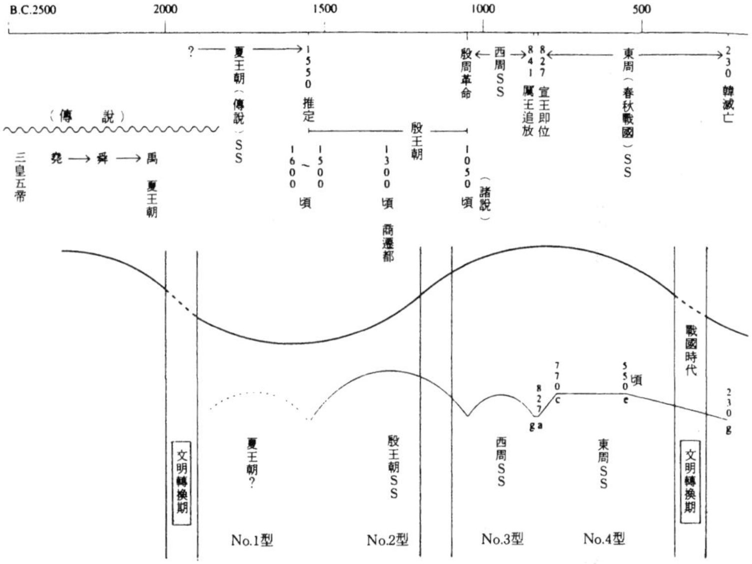

圖1-2　西周SS・東周SS

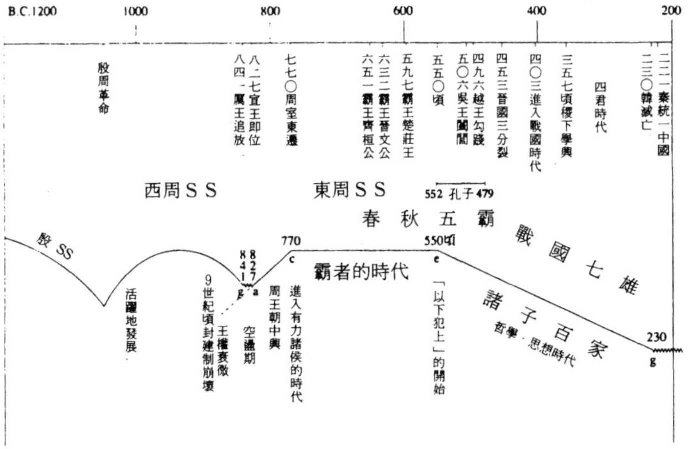

在西元前七〇七年，東周鄰國也是王室血緣最近的鄭，竟不再服聽命，桓王展開親征，反而招至大敗身負重傷，周室的權威大大的墜失，想不到周已無實力置身此次SS的主流行列。

所謂春秋時代，是根據傳說為孔子主編的魯之國史「春秋」而命名的時代區分。那麼，在這樣的混亂中要定SS的指標點雖極困難，但東周（春秋時代）SS是一個有力諸侯活躍的SS，東遷以後進入諸侯活動期，所以將西元前七七〇年定為c點應該是很適切的。如此a點～c點之間就約只有五十七年，這是因繼承前行的西周SS極為強烈，也就是說建設期很短便完成了。

另外幽王的失敗，也可看作是c點前常有的動搖。隨後進入c點以後，由有力諸侯中產生霸王，形成充滿活力的SS全盛時代。

春秋五霸

在春秋時代，有力諸侯一一登場爭霸。而霸者前後出現了五位，故稱之「春秋五霸」。這個時代也因諸侯的互相競爭而使產業及文化大為發達。同樣具諸侯國（都市國家）林立的ＳＳ雖還可見於希臘，但相對希臘有以雅典為中心，東周（春秋戰國）ＳＳ卻始終沒有能成為中心的國家。春秋時代有率領同盟的五位霸王相繼替換，其後的戰國時代則由七個有力諸國形成紛立。

在春秋時代，最先成為霸主的是齊桓公。桓公整合了中原（黃河中流域）諸侯，成立了擁立周室的聯盟，而防止了異族的入侵。

桓公死後，想要取代齊桓公的是殷系諸侯國之一的宋襄公。襄公在未成壯志前，即敗給了楚，敗因在不願於對手未準備好前作戰的「宋襄之仁」。

第二位成為霸主的是晉文公。文公率諸侯，迎戰南方的楚，在城濮之戰（西元前六三二年）將之擊退。然後招請周王舉行了盟會。「若要集結相當於楚的中原勢力，在此時期，還是要擁立周王，以對周（幫助王室）的大名義，才是最有效方法。」

但在文公死後，中原勢力即大敗予楚，楚莊王成為第三位霸主。力量重心移到了揚子江中流區域。莊王卻是目無周王朝，並未舉行迎接周王的諸侯的盟會。反而西元前六〇六年，於周的國境——洛河之畔舉行盛大的閱兵式，向周室宣告其「一言九鼎」的企圖及力量，直接否定了周王的象徵地位。

「楚莊王出現以來，晉楚爭霸的情況就愈形激烈，為此中原的許多小國，無論領主或庶民都受到極大的痛苦。」這時透過宋的宰相居中協調，才於西元前五四六年，讓晉、楚、宋、魯、鄭、蔡、陳、許、曹、衛的諸侯大夫會盟，締結了和平條約，一時之間，久候的和平終於到訪。

此外莊王也以「三年不飛不鳴」的諫言而覺醒的典故，被當世傳為佳話。

至此到了春秋後期，大國的晉或齊的權威均逐衰退，政權更轉移到卿或大夫等大臣的身上。而在其門下亦出現其家臣漸具力量的變化。

齊的大臣晏嬰與晉的政治顧問劉向，曾在西元前五三九年的對談中為此共同感嘆此一現象到了戰國時代更加顯著。

孔子出生的魯國亦是貴族握得力量，貴族將國家軍隊像私人之兵一樣一手掌控，王室最後被逐出國家。

在這樣的衰退現象下，出現孔子，建立了綜合哲學。村山先生將孔子誕生的（西元前五五二年）西元前五五〇年左右分析為ＳＳ的ｅ點。

春秋後期登場的是揚子江下流的吳及越。

吳王夫差「臥薪」打敗父親仇敵的越而成霸主，越王勾踐「嘗膽」滅吳王夫差成了春秋最後的霸主。

楚與吳越皆起於當時邊境的揚子江南邊，此現象十分值得注目。

戰國時代的開啟

春秋時代初期，諸侯國達二百數十國，但到春秋末期已被兼併成十數國了。並在諸侯爭霸中，政治實權漸漸移轉至新的豪族勢力手中，在下剋上愈來愈盛的情況之中，迎接戰國時代的到來。

西元前四五三年，貴族的韓、魏、趙聯合消滅了晉王知伯。晉分裂為三，被定為春秋與戰國時代的分水嶺，通常是以韓、魏、趙正式被周王承認為諸侯的西元前四〇三年為戰國時代的開始，此外在西元前四〇五年，權臣的田氏成為齊事實上的君主。

戰國時代的命名由來是依據以國別記載此一時代的策士謀略與勇士事跡的著作「戰

國策」一書而來。是戰國時代就能令人想像到，不斷上演著爭戰與動亂的情況，但它同時卻被視為百家爭鳴的中國古典思想的黃金時代。這是戰國時代意想不到的成果，除了佛教之外，中國思想的原型皆是在這一個時代被創造出來。

戰國時代約持續了二百年左右，大約相等勢力的七個強國割據了各方。秦、楚、齊、韓、燕、趙、魏，被稱為戰國七雄，名言「由隗開始」是來自燕的故事，「完璧歸趙」與「刎頸之交」是來自趙國的故事。這些諸國為了爭霸天下，紛紛尋找優秀的思想家與學者，作其輔佐。因而創造了追求學問與思想的自由空氣，故成了中國思想史上最燦爛輝煌的大好環境。

學問、思想的保護者

在七雄之中，發展最早的是，成功提升了農業生產力的魏。而在思想與哲學上最耀眼的則是齊。在齊的首都臨淄的稷門一帶，居住了招自全國的優秀學者，他們領有豐厚的生活費，得以終日自由的爭論與著述，此即被稱作「稷下之學」。齊威王（在位西元前三六五～三二〇年）、宣王（西元前三一九～三〇一年）及湣王（在位西元前三〇〇～二八四年）三代為自由學術的保護者。臨淄是戰國諸國中屬一屬二的都市，「稷下之學」起自西元前三五七年左右，在西元前二八四年，因燕的入侵而使學者一時離散，但於西元前二七八年便再度復興，由荀子擔任老師。

在「稷下之學」之後的是「四君子的時代」。所謂四君子是指齊的孟嘗君（?～西元前二七九年左右）、趙的平原君（?～西元前二五一年）、魏的信陵加（?～西元前二四四年）、楚的春申君（?～西元前二三八年），他們皆是諸侯的王子當上了各國的宰相掌握了權力，同時坐擁三〇〇〇位食客的大家長。「在食客之中，有很多超出學者範圍的異能之士，與中期文化的中心——「稷下之學」比較起來，品格雖稍為下降，但起用了許多具現實觀點的政治與軍事人才。」

接著繼承四君子時代的，是秦的宰相呂不韋（?～西元前二三五年）。呂不韋將戰國末的學問，總合體系化的「呂氏春秋」，依學者們的共同著作匯整而成。是先秦時代學問的總論。

大變革期的戰國時代

戰國時代正好是CC的轉換期。此轉換期正是政治、經濟、兵制等等重大變革的時代。

西元前六世紀左右開始，中國進入了鐵器時代，鐵器的使用使中國社會起了極大變化。在農業面，讓牛拉鐵製犛的農法，得以將土地深耕而使生產力提升。同時過去以人海戰術為農業基本的氏族共同體開始崩潰，引發父家長制家族的自立。

另外堅固且大量生產的鐵製武器的登場，也引起了戰術上的大改變。至春秋時代為止是以貴族所乘的戰車戰為中心，但到了戰國時代則改由持鐵製武器的步兵戰為主角。

透過製鐵或製鹽的事業讓有些人獲得了巨財，因此出現在財富上不輸王侯的大商人，另外貨幣的流通亦非常的欣盛。

臨淄（齊）、邯鄲（趙）、大梁（魏）等都市的興起，可見到庶民層的抬頭。

有力諸侯積極的進行灌溉工程以擴張領土，漸由邑制國家變化為領土國家。

另外，也從貴族世襲制、封建制轉移到了官僚制、郡縣制。

在文化上，從戰國中期左右，竹簡及木簡開始廣為普及，情報的收集及傳達手段起了飛躍的進展，大大的支撐了諸子百家的思想活動。

在這樣一個環境中，由七大國（七雄）確保的SS衰退期，因秦的抬頭而崩壞，推進到了SS的過渡期。

夏～東周的CC與SS

將傳說的夏王朝到東周的SS，對照一下文明週期（CC）。夏若是真實存在，是屬No.1型SS。殷王朝是No.2型SS，後半的青銅器文化時期的創造力是極其耀眼的。西周是No.3型，東周為No.4型，政治上雖為二個獨立的SS，但東周SS強烈的繼承了西周SS的文化及社會形態。也就是雙子的SS（雙SS）。東周SS的戰國時代正好是CC的轉換期，群雄紛立的亂世成了轉換的內容。

第二章 先秦時代的文化

殷的文化

使青銅器文化發達的殷王朝，在遷都到安陽（殷墟）的西元前一三〇〇左右，製作出了精巧的青銅器，在器種、器形及紋樣變得非常多樣化，技術亦到了世界史上的最高水準。

西元前一三〇〇年左右，亦即進入CCα期末期，文明的曙光漸射。在β期初期會產生的藝術創造活力，一舉提前發動，此時期所爆發的高度美術成果，實不足為奇。另外殷的青銅器文化是中國最早的文藝復興現象，正是CC的創造力綻放的結果。

另外殷已創造使用了甲骨文。這是中國所發明的漢字中，最古老的形態。雖是象形文字，卻也有相當進步的結構，可以認定是經長期發展而成的。

另外「在殷末亦出現一個宗教時代，周易等應該是這時期創造的」，村山先生對於殷的精神文化有這樣的解說。

周（西周～東周）的文化

接著進入周的文化，西周ＳＳ與東周ＳＳ，在文化型態上是由二個形成一個的ＳＳ。也就是起自西周而完結於東周，終於完成一個Ａ、Ｂ、Ｃ、Ｄ的文化型。

Ａ型是周族的敘事詩，Ｂ型是「詩經」，Ｃ型是禮樂的盛行，Ｄ型是諸子百家的活躍期。

周的Ａ型文化

殷周革命前的周，位於殷文明圈的西端，和已經築起高度都市文明的殷比較起來，僅止於單純的農耕生活經營形態罷了。

在周民族間流傳著「祖先后稷出生為天神之子，將農業教給人民的傳說流存於敘事詩中。其居住之黃土高原有稱為戎的遊牧民族，經年不斷的襲擊周族的部落，返覆的略奪，在文王的祖父被尊稱為「大王」的「古公亶父」時代，遷居渭水的上游岐山山麓的周原，總算逃出戎禍覓得安住之所。」，此一敘事詩如日本的「古事記」，是A型文化的內容。

西周也接受了青銅器文化，從考古學的調查可知，周初的文化圈超越了殷的範圍。但「器形、裝飾、紋樣與殷代比較起來，失去了光彩，也較僵硬，以藝術品而言，反而退步。」對「文藝復興」活動而言是走了下坡。

B型文化與「詩經」

B型文化的內容一般是「詩的精神」，在周朝的詩被匯整為「詩經」。詩經是中國最早的詩集，收集了西周到春秋時代的宮廷詩或民間歌謠，共計三〇〇餘篇。內容分為「頌」「雅」「國風」。

與殷王朝同樣崇拜祖先與自然神的周人民，以祭祀神的社為中心，形成氏族共同體（邑）。並虔誠的認為祖先會帶給自己幸福，在祭祀時舉行稱頌祖先功業的神樂歌與舞。這便是詩經中最早型的「頌」，記載了祭祀周王室祖先之用的神樂歌四〇篇。頌帶有敘事詩的風格，嚴格的說這應可歸入A型文化的範疇。

「雅」是王侯貴族社交之際宴會的歌謠，是王都的弦律，除了一小部分外都是著於西周，有一〇五篇。

「國風」一六〇篇差不多都是在西元前七七〇年以後的春秋時代所作的地方民謠。大都與戀愛或婚姻有關的歌，很明顯的是羅曼型B型文化的內容。

C型文化與「禮樂」

周室東遷（西元前七七〇年）之後，「禮樂」開始盛行。「禮」原來是指祭祀時的儀式，後來被擴大解釋為知識人的禮儀行為、習慣、或是社交的規矩。「樂」是音樂，為調合統一內心的弦律，與其說是娛樂，不如說是提升精神到高層次領域的道德性、宗教性弦律。禮樂是讀書人的必修教養，其後的儒教在政治的方法論上較「法」更重禮樂。

村山先生將此時期的禮樂盛行，分析為一種散文文化，屬於C型文化，這項發達促成了e點以後的孔、老、諸子百家的哲學興盛，是主要被重視的地方。

D型文化與諸子百家

SS下坡時哲學、思想活動變得活潑。下坡會出現政治腐敗、經濟動脈的硬化，引起人心的不安。人們會對世間的矛盾真理，不斷的提出質疑，並探求救贖的理論。此為D型文化。

對於創造型思想活動的最好土壤就是自由。在一元的支配體制之下，學問無法超越御用學者的體制擁護論，在戰國時代那樣政治黑暗的變動時代，如何能治理好人民與國家，具柔軟及獨創力的發想便會湧出。

在戰國時代的紛亂中，出現眾多力行自由思考精神的讀書人群體。他們不斷擴展政治與經濟上的學識、修練政策能力，發揮辯才，致力於擔任諸侯的政治顧問。而諸侯為了謀求治國良方與高士氣而採用他們。誰擁有較多的有能之士，誰就擁有開明君主（王族）之名。

其結果，這些自由讀書人正是中國思想史上，出現最自由與獨創精神的「諸子百家」時代。思想家們互相的辯論、影響，構築了中國思想的黃金時代，中國思想的全部幾乎集中於此時開花結果。

儒家

下剋上的風潮興盛的西元前五五〇年左右，可定為東周SS的e點，在此下坡時期，諸子百家登場，最早的是孔子（西元前五五一～四七九年）。

孔子出身於春秋時代的混亂社會中，

圖2-1　周的文化

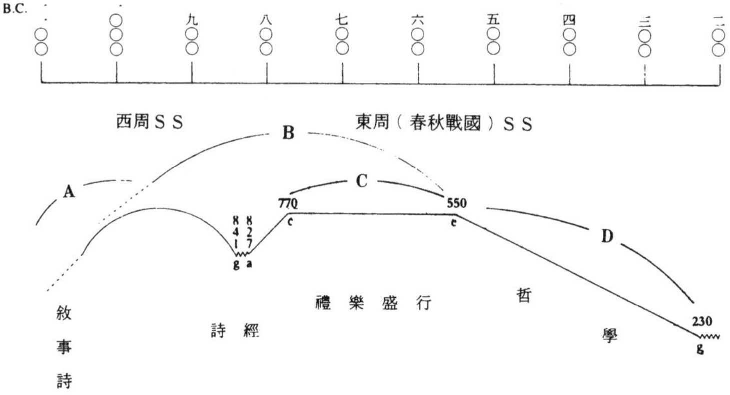

極力追求仁（人類本來即具有的心）的實踐與周代的禮的復活。其為回歸周國創國初期的精神，及重建政治的道德所展現的熱情與努力，尤值人們深思。

能給予孔子施展舞台的國家，終究未能出現，因而未能達成他的理想，經弟子們將他的教誨收錄為「論語」，其學統得以繼承下來。

在孔子死後約一〇〇年，孟子出生（西元前三七二年左右～二八九年左右），孟子大大的推展了儒家思想。甚至被指出「如果在孔子之後未出現孟子，孔子的學說極有可能已經中絕，儒家的學說也就可能不會興盛起來。」後世甚至以「孔孟學說」來稱道，將孔子與孟子並稱之。

孟子從性善學說的立場，鼓吹德治主義下的王道政治。並且，如果天子忘德而失去仁政時，認為王朝的交替是依順天命所至，主張其為正當（易姓革命）。

接著儒家的荀子（西元前三一〇年左右～二三〇年左右）倡導「人的本性抗拒慾望的能力極為薄弱」的性惡學說。將禮視為法律般的他律性規範，主張以禮矯正「性」。其結果雖是打開了法治主義之路，但在戰國時代的內亂與戰爭與日俱增，權謀之術與掠奪日常化之下，依人性善意為主的王道政治，現實地突顯了有其界限的存在。也就是說在向SS的下坡進一步後，時代背景產生差異的原故，性惡說不應從字意表面來解譯。

荀子一面批判諸學派的同時，將各學說作了一總體系論述。總合了中國古典思想的荀子之死，正好與SS的g點（西元前二三〇年）謀合。

道家

道家的哲學，亦即是老莊思想，與儒教並稱為中國的二大思想。

知名的老子其生卒年皆為不詳，在其傳記中亦有許多不明之處，甚至有人懷疑其是否真實存在。或者是將名為「老子的生活」的數個傳說集約而成也不一定。關於「老子」這本著作，據文獻考證約為西元前三〇〇年左右所作。對於孔子也曾身為弟子受教於老子的「道」的傳說，在時間上無法符合。也許把它想為是見到第一代老子吧。

老子對於道德、法律等一切人為的制約，或富國強兵的政策皆持反對。認為原本世上的混亂皆起於人間對知識與慾望的過分奢求，而主張應捨棄人為的束搏、順從自然之道（無為自然），回歸到過去的農村小集團的生活（小國寡民）形態。

莊子（西元前三六五年左右～二九〇年左右）繼承、發揚了老子的學問。相對於老子主要針對政治的存在方式，主張以無為而治的訴求，莊子則針對個人的生活方式，指出心的自由，與自然的調和及生死的超越等見解。

老莊的「無」的思想，被分類為出現於CCβ期終末期的「否定的哲學」。在日本的例子來說，平安時代末期正好與β期的終末期重疊，流行著末法思想。祈望來世得救的人們爭相追求淨土信仰。或者是，佛陀否定現象世界講「空」，在羅馬帝國腐敗時期，向天國求靈魂安息的基督教大為發展，相對於以物慾資本主義壓榨人民，以否定資本為（生產手段等）個人所有的馬克斯主義大大流行，皆是起因於CC的同一時期所發生的類似狀況。所以CC終末期正是CC中文明系統自根本原則再重新思考的時刻。

老莊的思想之深，在其後創造了道教，至今日仍是指引眾多人們生活上的指針。其中同是否定哲學、東歐至蘇聯的共產主義的崩壞，是早在先前村山先生即已預言的。「富者全為惡人，貧者全為善人」如此簡單的推理，馬克思的人類觀實在太過膚淺。將那些富者階級用暴力打倒即能解決一切，這樣的想法在哲學上歷史觀上都過於單純了。

墨家

墨子（西元前四八〇年～三八六）訴求的是無差別、平等的愛（兼愛），對儒家視「家」為基本的差別愛提出批判。而主張互相扶助（互利）、勤儉節約（節用）、薄葬與國家之間的非戰（非攻）。雖說是非攻，但並不否定對暴君的討伐與弱小國的保衛戰。對受依賴的挫強扶弱戰爭皆以「墨子集團」參加。為此變得愈來愈具戰爭受託業者的性格。

於戰國時代，墨家與儒家成了對立的二大陣營。這是因為二者皆善於組織營運的關係。但到了秦漢的秩序安定期之後，墨家之蹤影即完全消失，早已被遺忘成了絕學。防衛戰的依賴消失，喪失了組織的經濟基礎應是理由之一。

法家

「儒、墨、道三家的思想，雖然都是含有永恆真理的優秀思想，但是對於要拯救現實混亂的社會卻都幾近無能。」結果，在戰國時代的最後階段被諸國所採用的是，將人民透過法的束縛以維持社會秩序的法家思想（法治主義）。

商鞅（西元前三九〇年～三三八年）仕奉於秦孝公，獻上富國強兵之策。韓非（西元前二八〇左右～二三三年）為荀子的弟子，繼承商鞅的思想，將法家完成。韓非的政策在本國的韓室中未被採用，但其上書，卻為秦王（其後的秦始皇）看到，受到極大的讚賞。但此時受到秦的軍師李斯的忌妒，遭受中傷，奉秦王之命而自殺。

逼死韓非的李斯（西元前二八〇年左右～二一〇年），其實都是受教於荀子的同窗。李斯就任秦始皇的丞相，訂定秦的諸多政策。

為何儒家、道家、墨家都呈現無力，法家卻成統一天下的有效理念？

關於儒家，對韓非而言是跟不上時代而被否定。無視歷史的變化，任意想回到從前，與過去優閒的氏族共同體的時代背景是大不同的。

道家也有落後時代的地方。諸國在爭奪中央集權勢力中互相削戰，人與物的流通更加激烈當中，老子所理想的「小國寡民」閉鎖的共同體，除非遙遠的邊境或深山，否則實在無處可能實現。並且以道家否定社會的立場，對於現實易陷於空想的逃避。這一點應該也不是老子所追求的方向吧。

那麼，積極的投入於社會的墨家又如何呢。墨家的「兼愛」雖是極優秀的理想，但無視於自然生成於親子或家族的人情，這有些牽強。

如果當時的中國社會是除了「和」以外，別無選擇的封閉生活圈的話，相互承認諸學派的共同點，「共生」的思想在最後應會誕生吧。但是，人類能意識到被封閉於叫「地球」的命運共同體，是直到現在二〇世紀末才得以產生，要期待當時的中國是勉強了一點。在戰國末期雖也有學派間的融合，但諸子百家之間，主要還是找尋彼此之差異，而互相批判。

為此，與王道思想背道而馳的法治家之霸道，卻成了結束戰國時代的指導原則，並獲得最終的勝利。然而這個法家，也同秦的滅亡一樣瞬間自主角的位置降位。因為其僅重視法治，而無視於人的善意與溫情，實在太過偏頗於恐怖政治。

其他的學派

其它的學派縱橫家的蘇秦（?～西元前三一七年）為對抗秦提出六國（南北）同盟的合縱政策，其後張儀（?～西元前三一〇年）指出秦與六國各別作橫（東西）的結盟—連衡政策，企圖作為崩潰合縱政策的切口。這些都是在靠頭腦、口才與勇氣生存的戰國時代必然登場的人物。而蘇秦奏韓王的名言「寧為雞首勿為牛後」更是廣為流傳的名言。

兵家將戰爭中必要的兵法與戰術作了整理，還對國家經營、人事運作、到外交政策都作了分析。吳子（西元前四四〇年～三八一年）與孫子（西元前三八〇年左右～三二〇左右）最為知名，在現在經營者當中，亦有相當多的支持者。

陰陽學家的鄒衍（西元前三〇五年～二四〇年）從宇宙的生成、天體的運行、自然的現象到人類社會的變遷及消長，以陰、陽及金、木、水、火、土的五行關係作了分類說明。此陰與陽並非是對立之二極，而是補完的關係，由此生成化育了萬物。這是漢民族的基本世界觀。

名家公孫龍（西元前四～三世紀）追求概念與實體的關係，發展了論理學。搬弄著如下的吊詭：飛矢從瞬間的瞬間切著去看如同未動，所以其實是靜止的。

農家的許行（西元

圖表 2-2　諸子百家系譜

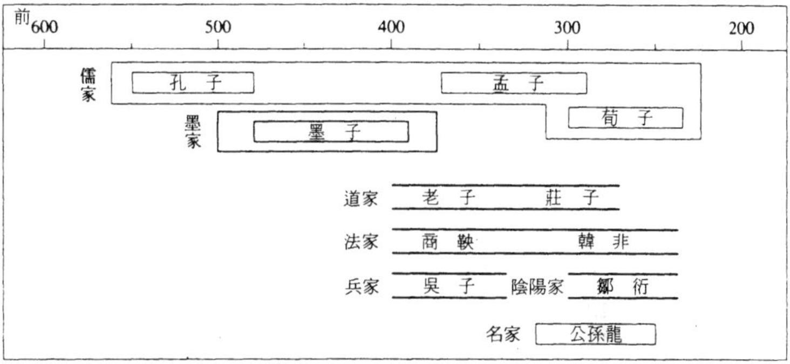

前川貞次郎．堀越孝一共編著「新世界史」數研出版83頁

圖表 2-3　諸子百家

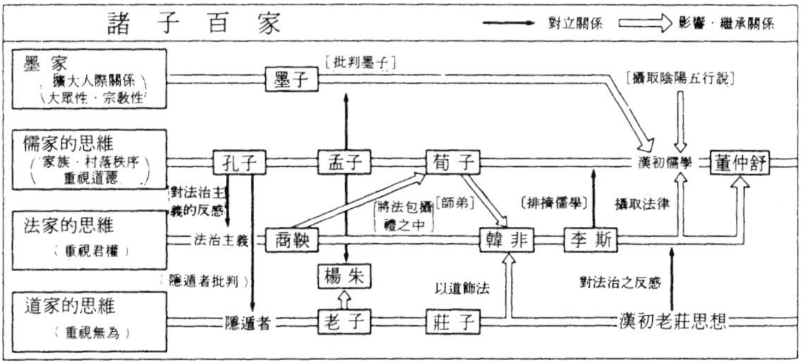

吉岡力著「詳解世界史」旺文社90頁

前四～三世紀）主張農業生產的重要性，站在辛勤農民的立場批判了支配階級。

第三章　秦與ＳＳ過渡期

戰國七雄之滅亡

戰國時代有秦、楚、齊、燕、韓、趙、魏七個強國，互相爭霸。其中秦位於最西邊的位置，是偏離中原的後進國。西元前三六一年孝公啟用商鞅著手改革，反而因後進國而得福，改革被迅速且徹底的執行。誓師法家的商鞅實施了鄰保制度的什五制、郡縣制，並斷行了不重身分而重軍功的大改革，這些成了以後秦統一中國的政策原型。

西元前二三〇年，秦應用了遠交近攻政策滅了韓，七雄牽制的秩序崩壞，同時是東周SS的g點。接著趙（西元前二二八年）、魏（西元前二二五年）、楚（西元前二二三年）、燕（西元前二二二年）一個一個都被消滅了，到最後的齊被打倒為止（西元前二二一年）是前SS殘存勢力解體期。

秦的諸改革

秦在嚴刑峻罰之下建立了律令國家，將全國分為三十六郡，實行郡縣制，郡守與縣令都從中央派遣，完成了專制的、中央集權的國家體制。將中國第一次統一成官僚國家的秦王政，也第一次使用皇帝稱號，稱為始皇帝（西元前二二一年～二一〇年在位）。並在首都咸陽聚集了十二萬戶的富豪。對外整修、擴大萬里長城，令將軍蒙恬討伐匈奴。

其他還實施了度（長）量（容積）衡（重量）的統一、貨幣統一為半兩錢（約八g）。另外定出了馬車車軸長度的統一規格，使得轍能以高速安定行走。寬七〇公尺的幹線道路（馳道）的中央，有七公尺的皇帝專用道，皇帝曾利用此道巡視了國內五次。

秦的崩壞

秦將自文明的β期後半持續到文明交換期——「戰國時代」的哲學與思想的創造活動一併壓制。將政治基本理念求之於法家，為求得思想的統一，把秦國以外的史書與法家以外的諸子百家無數典籍燒為灰燼，並將復古派的儒者四六〇餘人活埋。這件

圖3-1　秦和ＳＳ過渡期

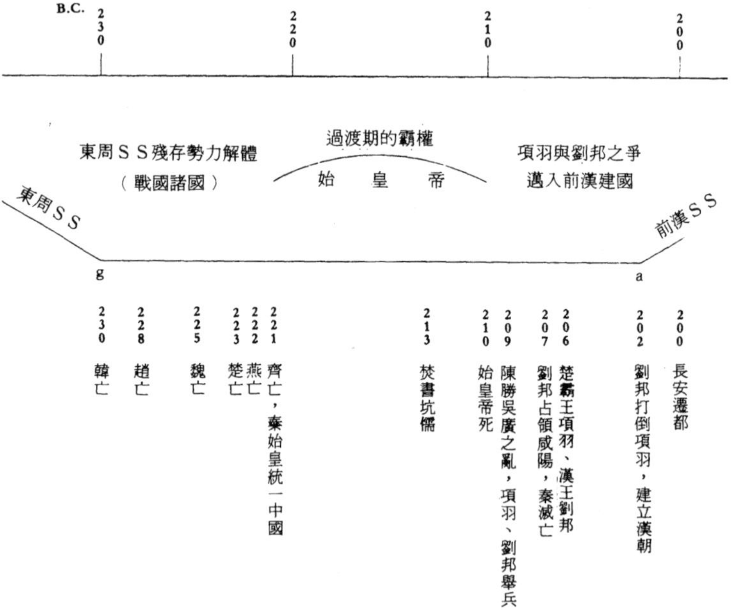

焚書坑儒事件發生於西元前二一三年，有眾多珍貴的文化遺產喪失。關於坑儒部份，據說純粹的儒者極少，被捕坑殺的，大都是偽稱可求長生不老藥，騙取巨款的神仙道士。

西元前二一〇年享年五〇歲的秦始皇過世，是在巡行東方途中病逝的，臨在側的宦官趙高、丞相李斯與秦始皇末子胡亥共謀偽造聖旨以掌握實權。秦始皇原下詔託付長子扶蘇皇太子後事，他們卻將密封的詔書銷毀，反而送出賜死扶蘇與其後援者蒙恬的偽詔。二世皇帝胡亥僅是趙高操縱的玩偶，後來終於被殺害。李斯也在趙高的恐怖政治中被殺。到最後趙高也被胡亥之甥子嬰所殺。

秦始皇的改革太過於激進了。被徵調的勞動或兵役，如於期限之內未到，不論何種理由一律處以死刑，對於如此嚴格的法治主義，民怨沸騰到達頂點。萬里長城、阿房宮、始皇帝陵等大興土木，奪走了農村的勞動人力，重稅之負擔逼迫農民陷於飢餓的深切痛苦中。

終於於西元前二〇九年，最初的農民反亂—陳勝、吳廣之亂興起。陳勝形容己志是「燕雀焉知鴻鵠之志」。反亂軍雖被鎮壓住了，但革命的火種已擴及全國，項羽與劉邦逐漸展露頭角。性情激烈的項羽與大將之風的劉邦，持續了五年爭天下的血戰。於西元前二〇二年垓卜之戰，劉邦打敗項羽建立了前漢。

在此之前的西元前二〇七年，早先項羽一步進擊關中降服了秦王子嬰的劉邦，將秦的法律完全廢止，並提出了「約法三章」。所謂約法三章是指，殺人即償命、傷人與強盜即處相當的刑罰，如此的簡明。劉邦讓民眾自法治主義解放，是創造了前漢SS的a點的人物。

秦自始皇帝的中國統一，僅僅過了十五年便滅亡了。是東周SS與前漢SS之間，SS過渡期中的串聯角色。自始皇帝之死到前漢建國為止，為新SS進行的基礎工程期。

關於SS過渡期

戲劇性的SS過渡期

SS過渡期是最易被連續劇取材的時期。例如日本NHK大河連劇（時代歷史劇）

系列播放的三〇年節目當中，與SS過渡期有關的即佔了八成，「源義經」或「草燃燒」的源平會戰左右是在奈良。平安SS到鎌倉、室町SS的過渡期。「太閣記」「盜國物語」「信長」等是在，自戰時代的過渡期要轉移到德川SS的時期。「龍馬將去」或「花神」為時代背景是以幕末的SS過渡期為時代背景。

SS過渡期正是充滿戲劇性的時代。英雄的一生可以有春夏秋冬，追溯一個人的生涯，可以十足的表現變革的時代。在其它的時期，可就不這麼容易。父親是將軍，本人也是將軍，而其子還是將軍，持續一成不變的生活，如此內容的連續劇，是無法持續的一年。

SS過渡期的基本構造

有關於SS過渡期的一般基本構造，以建築為例，作一比喻說明。

舊SS的g點是成為「廢屋」的階段、屋主不在的狀態。在過渡期的前半進行「古屋解體」的作業，在後半進行「基礎工事」。在中程需要有「整地」的必要，會出現掌握過渡期霸權的人。然後新SS的a點開始新家屋的「立柱」。另外，說到設計，是在

p點以後所逐步規劃的。

除了中國的例子之外，各舉法國與日本的一例作一介紹。

法國革命中看SS過渡期

自法國絕對王政SS的g點（一七八九）到法國資本制SS的a點（一八〇〇）為止，即法國革命的階段。前半是絕對王政SS的殘存勢力後退的時期，立憲君主派失去力量，王政被廢止。在過渡期中期所出現的一時霸主是取急進共和主義的雅各賓派的羅伯斯比，他的恐怖政治正是過渡期的「整地」工作。羅伯斯比派失勢之後，富裕農民與中產市民所支持的吉郎特派復活，但因欠缺指導力，過渡期後半由拿破崙抬頭，向資本制SS的a點前進。

僅僅一〇年加半年的短短期間內，上演了法國革命。時間愈短，內容就更濃縮。採用這短期間內上演的劇情、論文或書籍，在世界不知有幾萬冊。在另一方面，卻也有三〇多年的期間，只需幾行記述就能交待的時期。緩與急、安定與變化的反覆，便是歷史的姿態。

「葬禮的主謀者」──平氏

奈良是平安ＳＳ的最高實力氏族，藤原氏的勢力在ＳＳ的下坡中衰退，在保元之亂（一一五六年＝ｇ點）與平治之亂（一一五九年）中落地。舊ＳＳ的殘存勢力解體後，過渡期的霸主為平氏掌握。

平氏政權雖身為武士，但貴族的性格極強，與藤原氏同樣的進行了他氏排斥、外戚政策與莊園擴張行動。一一七九年將後白河法皇幽閉，將太政大臣以下多數的官職撤職處分，平氏將高位高官以一族獨占，全國六十六國中，平氏的知行國即占了三〇餘國。

圖3-2　ＳＳ過渡期之一般的基本構造

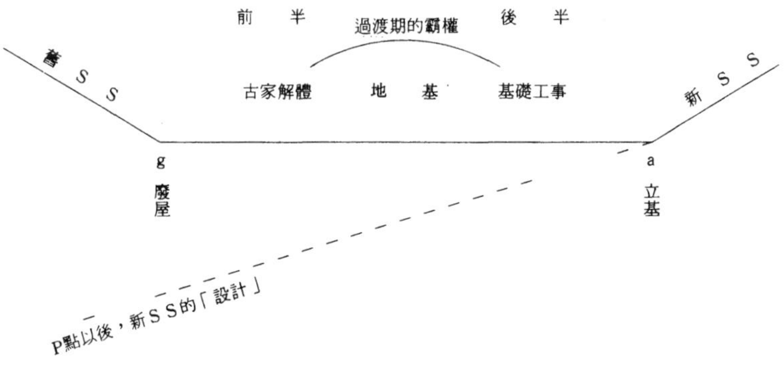

圖3-3　法國革命與ＳＳ過渡期

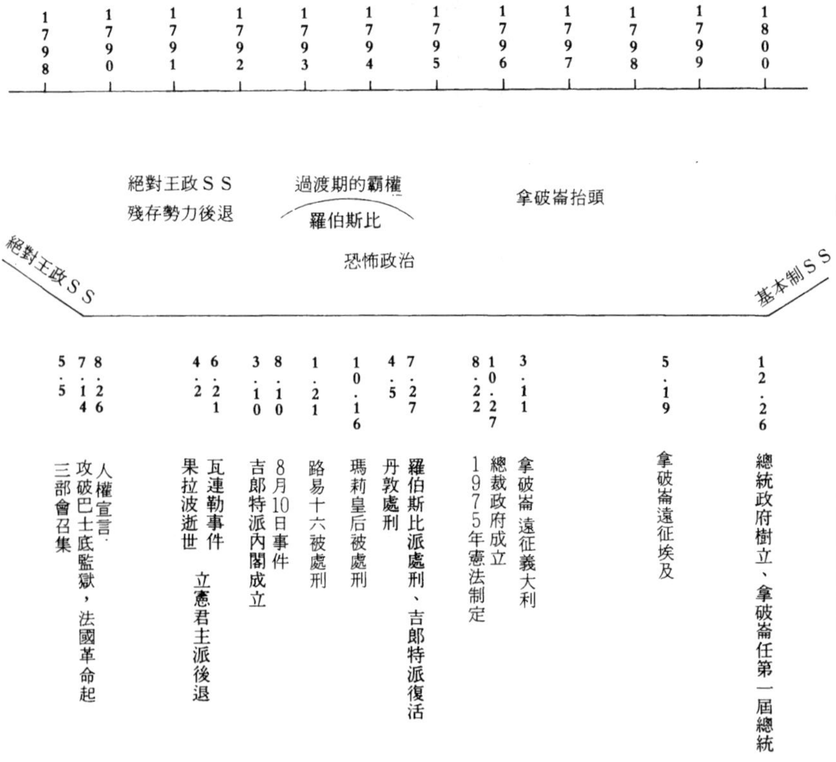

1798
1790
1791
1792
1793
1794
1795
1796
1797
1798
1799
1800
絕對王政ＳＳ
殘存勢力後退
過渡期的霸權
羅伯斯比
恐怖政治
拿破崙抬頭
絕對王政ＳＳ
基本制ＳＳ
5.5 三部會召集
7.14 攻破巴士底監獄，法國革命起
8.26 人權宣言
4.2 果拉波逝世
6.21 瓦連勒事件 立憲君主派後退
3.10 吉郎特派內閣成立
8.10 8月10日事件
1.21 路易十六被處刑
10.16 瑪莉皇后被處刑
4.5 丹敦處刑
7.27 羅伯斯比派處刑、吉郎特派復活
8.22 1975年憲法制定
10.27 總裁政府成立
3.11 拿破崙 遠征義大利
5.19 拿破崙遠征埃及
12.26 總統政府樹立、拿破崙任第一屆總統

在此情況下，平清盛世在獨裁眼光看來是就要完成，但卻招集了其它勢力的反感，遂被源氏所取代。在一一八〇年的次仁王旨令下，源賴政、源賴朝與木曾義仲們舉兵之後，即為朝向新SS的a點之「基礎工事期」。

平氏的歷史角色即：舊SS的「葬禮的主謀者」。村山先生作了以下的評論：「平氏

圖3-4　平氏與SS過渡期

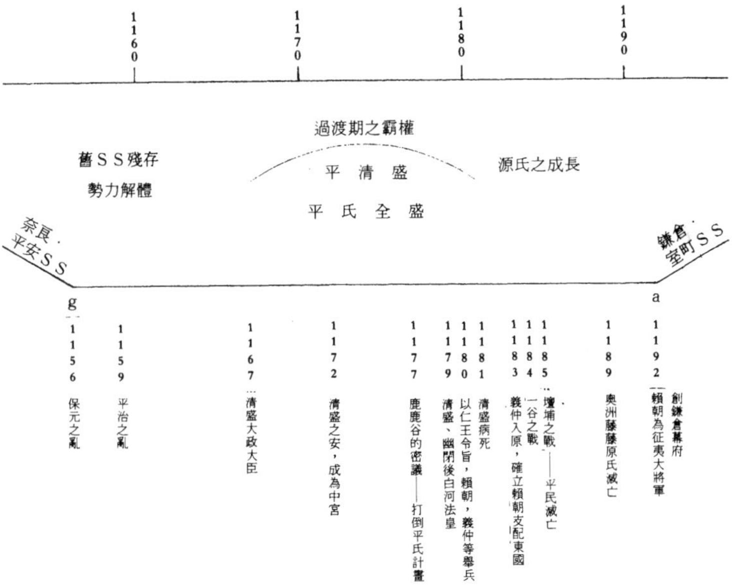

的立場與古墳SS的g～a期的蘇我氏一樣，主謀葬禮之後，即被斬而消失。」

始皇帝與毛澤東的共通點

始皇帝是東周SS與前漢SS間的過渡期，一時活動之霸主，毛澤東是清SS以後，生於過渡期的霸主。毛澤東的繼承實力者林彪，批判其獨裁，喻毛為現代的始皇帝。很巧的林的指責，正好與法則史學的分析一致。秦位置於No.4型SS到No.1型SS的轉移過渡期，而中華人民共和國卻是成立於No.2型SS之後，此點有所不同，但在此基礎上作一考量可以見到以下共通點。

始皇帝採用了嚴格的法治主義，對多數人民以唯不足道的罪名處以極刑。與此共通的毛澤東徹底的推行共產主義，多數的人接受了人民裁判，造成大量的犧牲者。

始皇帝不承認法家以外的思想，進行了思想統制及自由學術的禁止，「焚書坑儒」處刑了思想家。與此共通的毛澤東硬是只承認共產主義，實行了名為「文化大革命」的文化大破壞。

始皇帝一死，便馬上出現反亂，秦被滅亡。與此共通的毛澤東一死，四人幫立即失勢，毛路線遭到批判，產生了現代化的基本路線。

漢民族的將來極為光明。漢民族所擁有的中國基層文化是世界之寶，接下來所要孕育出的新中國ＳＳ，若說關係著人類的未來，是一點也不為過。新亞洲文藝復興的黎明，已近在眼前。

第四章　前漢SS

前漢的創業及守成

西元前二〇二年，劉邦在垓下之役打敗項羽，結束了春秋戰國時代長期抗爭，中國自西周以來再度統一。劉邦定都於長安，而開始了漢的帝國時代。劉邦係農家子弟出身，他本身並沒有受過教育，到了成年的時候，又成為地方無賴的首領，行為放蕩，後來成為一國的皇帝，這種經歷在日本只有豐臣秀吉得與之相匹敵。

漢高祖（劉邦）將民眾從戰亂及秦朝的苛政中解救出來，他把嚴苛的法律廢除，並減輕人民的賦稅。有人對劉邦的才能有如下的評價：「劉邦不僅是一個國家的開創者，同時也是一個國家的守成者。在身為一位氣度寬宏的長者的同時，亦不忘利害得失的計算。他對於功臣的處分有如疾風一般非常果斷，但一定是在為了保持政權的必要程度內為之，而不會令人感到殘酷。」。

在漢朝立國之初，漢高祖對於開國有功之功臣，都把他們封藩到邊疆，同時對於異姓的功臣也慢慢將其翦除，代以同姓的諸侯。漢高祖死後，大權操於其妻呂后之手，大封呂氏子弟為王為侯，而以該呂姓一族掌握國家大權，此時，劉氏王朝發生了顛覆的危機。幸其後呂后逝世，呂氏一族遭受到了肅清的命運。

其後，由漢文帝即位。漢文帝在位的二三年間（西元前一八〇至一五七年），得到的評價相當高，而有仁君之譽，有謂「其在位的二三年間，自己首倡節儉，對於日用品及奢侈品都做節制性的使用。同時除了縮減官員人數，以節省國家的經費支出外，他還親自率先耕種，對於貧窮的農民貸與穀種及食糧，積極地獎勵農業。另外其令人注目的有，減稅及減刑政策的施行。」。在秦始皇時代，大興土木，民眾苦不堪言，到了文帝在位的時候，即停止該等勞民傷財之事業。其致力於治療因長期戰亂所產生的傷痕，而創造了繁榮與和平之世。

漢朝自高祖以來，乃民眾休養生息之時，而以無為而治為背景的治世哲學，由是而生。而這也反映了SS少年期的社會心理，即黃老（老莊）思想的流行。一般來說，因為老莊思想給人一種出世的印象，但這種積極地以無為態度治理素樸的政治，卻一點也不會與社會脫節。也就是說此一時期心理的內容應屬A型。

但是在同時，雖然各王室皆為同姓的劉氏諸侯，而得到暫時的安定，不過這些同姓的諸侯卻日益強盛，其力量也淩駕中央，而這些也導致了皇帝對於這些諸侯採取了削減封土的措施。結果，在漢朝的的第六位皇帝景帝在位之時（西元前第一五七年至第一四一年），發生了吳楚七國之亂（西元前第一五四年）。一般來說，在SS的上昇期所引發的內亂，反而會產生促進成長的結果，不過七國之亂在三個月內就被平定，造反的諸王皆被斬殺。七國之亂後，諸王、諸侯皆留置於京師（長安）而成為貴族，而確立了漢朝走向郡縣制的方向。

漢朝的第七代皇帝（在位自西元前一四一年至第八七年）武帝在位時大行「推恩眾建」之政策，使漢朝往中央集權的方向邁進。在這種背景之下，他將只有嫡子才能繼承爵位的諸王領土，分封給眾子弟。結果，諸王勢力慢慢的變得弱小了。

漢武帝與SS的急速興隆期

前漢SS到了武帝的時後，已經有了相當發展的規模。武帝即位時的西元前一四一年，SS的b點正快速的成長當中。漢武帝以十六歲的弱冠之年就當上了皇帝，在位長達半世紀以上之久。在他當政的期間，「不論是在政治方面、軍事方面、還是文化方面，都有輝煌的記錄。」。

漢朝西方疆域的擴大，始於奉漢武帝之命，而到大月氏國出使的張騫遠征開始（西元前第一二九年至一二六年）。大月氏因為匈奴所逼而向西遷移，自此與匈奴結仇。但是大月氏征服了大夏（即Bactria）後，在豐沃的土地上生活安定，等到張騫到達大月氏時，其已無意對匈奴報復。

張騫奉命西使時，中途為匈奴所拘，回國時中途也被匈奴拘留，雖然他在匈奴娶妻生子，不過他仍然沒有忘記當初他出使的目的，期間共經過了十三年才回國。張騫當初出使西域的使命雖然沒有達成，不過卻因為如此，使得中國人對於本來未知的西域，得到了相當的情報，西域的情勢大大的震驚了中國人。

而在北方疆域部分，從戰國時代開始，中國就和匈奴陷於苦戰，在戰國七雄中，和匈奴毗鄰的趙、燕二國，都築有長城，以防禦匈奴的侵入。

後來冒頓單于崛起，乃是匈奴兵力最強盛的時間。西元前二〇〇年，冒頓單于親自舉兵南下，與漢高祖戰於白登山一役，漢高祖戰敗，與匈奴作屈辱性的議和，往後每年漢朝都得送給匈奴數量頗多的金銀財寶。

漢武帝即位，他對於這種消極性的對外政策並不滿意，西元前一三三年，武帝原本設計在馬邑，將單于予以誘騙而將其一舉剿滅，不料計謀未得逞，後來從西元前一二九年開始，武帝派遣將軍衛青及霍去病，數度對匈奴出兵。而武帝對匈奴出兵的結果，乃是將匈奴逐出戈壁沙漠之北，使得漠南無匈奴的痕跡，另外，也在原匈奴的西方占領地，設置敦煌等四郡，駐紮軍隊防守。

就南方而言，在西元前一三八年，漢朝對閩越加以征討。其後在西元前一一一年，平定了南越及西南夷，設置了南海郡等九郡。西元前一一〇年，滇國及夜郎也都服庸於漢朝。

另外，在西元前一〇八年，武帝討伐東方的衛氏朝鮮，將其滅亡，而在朝鮮北部設置了樂浪等四郡。至此，漢朝創造了四周未曾有的版圖。ＳＳ的成長已告完成，而到了c點。

國家財政的再建

漢武帝在位期間，因為不斷的向外征討，興建大規模的水利灌溉事業，以及所過的生活過於豪華，所以使得國家的財政出現了破綻。有學者謂：「當時，從國內要送一石的兵糧到與匈奴打仗的前線，就必須耗費三十石以上的糧食，而國家為了對於戍守於邊境的數十萬士兵，為糧食之補給，更使得中央政府所在地的糧食倉庫告空。」。

因此，武帝乃對鹽、鐵實施專賣（西元前一一九年），為使貨幣的信用趨於統一，在西元前一一九年開始鑄造五銖錢，更在西元前第一一三年，將貨幣的鑄造權由國家予以獨占，嚴禁人民私鑄。另外，為使貨物的供給及物價達到地域平均化為目的，武帝也實施了商業統制的均輸法及平準法。

如上所述，因為政府本身介入了商業行為，所以漢朝對於商人採取重稅，對於密告商人逃稅者予以獎勵等作為，而使得商人受到相當大的打擊。而也因此，商人開始沒落，「同時，商業的性格也和從前不同而有所轉變。易言之，從戰國時代以來，所經營事業規模有全國之大的商人，在漢朝已不再有，代之而起的，是以自給自足為目標，由莊園主自給牛產的商品彼此間流通的小規模商業。而之有這種改變乃和儒學的普及鄉間強調自給自足的平和農村經濟有關，而與漢朝對重農主義的強調也不無關係。」。

此種自給自足之莊園經濟化現象，在民族大移動風暴過後，於歐洲的封建社會也可以看見。而在西方法蘭克王朝也好、東方的前漢也好，慮及此種屬於CC之α期前半的SS型態（No.1型），這應該是社會的共通性吧！

西漢SS全盛期的前半部分

漢武帝因派遣衛青、霍去病等人討伐匈奴，雖然將匈奴趕出北方，不過卻沒有因此而安心。因為與匈奴作戰，需要優秀的軍馬，而武帝又得知大宛國乃是名馬（汗血馬）的產地，故武帝乃派遣使節至大宛國求取名馬，卻未獲回應。武帝最後等得不耐煩了，便派李廣利去討伐大宛（西元前一〇四年～一〇二年）。結果使西域三六國（中亞的綠洲都市國家）全部心服，而服庸於中國。

如上所述，因為武帝對西域的開發，而使得往西域的交通要道—即絲路也開始通行，開始了遠至羅馬的貿易及文化之交流。從中國輸出的貨品有絲絹、漆器及金子，而從西方輸入的則是大宛的名馬、中亞的葡萄、西亞的石榴、孔雀、羅馬的珊瑚、寶石、玻璃器皿等物品。

這一段時期，匈奴的勢力再度強盛起來，對漢朝又形成騷擾，西元前九九年，李陵戰敗於匈奴而投降，而從西元前九九年至九〇年，武帝派李廣利征討匈奴皆告失敗。SS全盛期的前半段，雖然未獲戰爭的勝利，不過這是因為匈奴強大的緣故，使得漢朝對於北方的經營仍有界限存在。對此，可與羅馬SS在其全盛期的前半，也就是在西元前九年敗於日耳曼帝國，而決定了該二帝國的境界，作一比較。

「武帝可以說是構成了漢代帝國的黃金期，對於後世之專制國家，給予相當大影響之偉大皇帝」。西元前八七年，武帝歿，漢朝長達半世紀以上的治世宣告結束。

兩漢四〇〇年歷史中的極盛時代

武帝死，由八歲的昭帝即位，由武帝極為信賴的霍光受遺命輔政。霍光輕稅薄賦，大體上以與民休息為施政之方向。昭帝在二十歲之英年過世，因其無子嗣，故由其兄昌邑王繼承帝位。但是昌邑王有精神異常的毛病，這個皇帝他只當了二十七天就被趕了下來。此時到達了ｄ點，而自其後之繼位者漢宣帝（在位期間自西元前七四年至四九年），乃進入了ＳＳ全盛期的後半部分。

漢宣帝乃「因叛亂罪畏罪自殺之武帝長子戾太子之孫。其生後數月其生父母即因戾太子事件而被殺，使他成為孤兒，而他乃吸吮監牢女囚犯之乳而成長。因此，漢宣帝從幼時即知民間疾苦，而治事頗有俠客之風。」。

宣帝在他十八歲時即位，而後霍光逝世，漢宣帝親政。宣帝對於武帝時代政治的弊害加以修正，肅正綱紀，以公平的態度來處理政治，同時他也對壓迫老百姓的土豪劣紳加以取締，可以說是一位英明的皇帝。宣帝對地方官的任用也特別的留意，對於有能力的基層官僚，他也會加以拔擢。宣帝也再建立國家的財政，而使民眾的生活趨於安定。宣帝的時代可以說是「政治上充實的隆盛期」。「在國內、國際二方面，皆可以說是兩漢四〇〇年歷史中的極盛時代。」。

在外交方面，漢朝和匈奴的戰爭在宣帝之時劃上休止符。西元前七二年，漢與烏孫同盟打敗了匈奴的軍隊，獲得了大勝利。西元前五二年，匈奴發生內亂，分裂為東西，東匈奴之呼韓邪單于服膺於漢。在西元前三六年，東匈奴與漢結為同盟，把西匈奴給滅亡了。

西漢的衰退

宣帝亡，由皇太子──元帝即位（在位期為自西元前四九年至西元前三三年），元帝本身是一位熱心的儒者，疏離於現實的情勢。宣帝在位時，即對其後代資質的駑鈍而造成漢朝要衰退一事，有所預感。西元前四九年，宣帝逝，這時ＳＳ也達到了e點。前面所說宣帝的預感果然靈驗，元帝的個性優柔寡斷，而使宦官及外戚把持了朝中大事，朝政從此一蹶不振。

元帝之後由成帝即位（西元前三三年至西元前七年），成帝竟日沉溺於酒色，由斯時開始，政事由外戚的王氏掌握。接下來繼位的哀帝（西元前七年至西元前一年）、平帝（西元前一年至西元五年），國家政治皆因外戚及宦官的專政而愈來愈腐敗，人民彼此間貧富的差距，也因為土地的兼併而愈來愈大。哀帝時的大司馬（即宰相）師丹，曾經提出限田法，以限制人民持有土地及奴婢，但最後還是流於紙上談兵。

就SS衰退期而言，接近g點期的改革，可以說是沒有一次是成功的。例如，法國絕對王政SS所謂「名士會」的改革宣告失敗（西元一七八七年）、俄羅斯羅曼夫王朝SS在西元一八六一年所為之農奴解放政策也未成功，甚至在日本，德川SS的天保政策改革亦告失敗，都是一些很好的例子。前漢終於到了末期即SSg點的主角，乃外戚王氏出生的王莽。王氏一族的勢力相當龐大，家族中有十人被封為諸侯，五人曾經擔任過大司馬。而王莽本身也握有相當大的權力，勢力強盛。而因為王莽有如此強大的實力，被任命為大司馬，西元前一年，王莽擁年僅九歲的平帝為王，王莽的女兒就是皇后，可見其勢力籠罩朝中之一斑。

西元五年十二月，王莽為奪取政權而弒平帝，立宣帝之曾孫為皇太子，自稱假皇帝，翌年（即西元六年）由其攝政。至此權力已完全由王莽所掌握，西漢正式滅亡，SS也到了g點。

王莽攝政稱假皇帝後，為使自己有好的吉祥兆頭並使輿論認為他係受禪讓，故在西元八年十二月，王莽便即位為真天子，並改國號為「新」。

王莽及SS的過渡期

王莽這個人是一位狂熱的儒教信奉者，雖然他著手於各項的改革，不過都沒有成功。對於王莽的改革，有學者謂「王莽本身就是一個性格上並不穩重，且信奉儒教的復古主義思想者，在立法時沒有注意到客觀的情勢，故其施政難免欠缺具體性及一貫性，本來立意甚佳的法律，卻因為引起一部分人的反感，招致沒有實效的批評而告廢止，最後終於導致人民的不信任。」。王莽的施政，例如在土地改革方面將全國的土地收歸國有、將官制作大幅的改革、變更官名與地名、發行新貨幣、與四鄰各國及匈奴的外交等各方面來說都可說是失敗，反而只是把問題更加暴露出來，使其更為惡化。

舉個例子來說，王莽將西漢授與匈奴的「匈奴單于璽」改為「降奴服于章」，這樣一來使得新朝與匈奴間的關係變的緊張起來。因為降服即等於投降的意思，當然會使匈奴動怒。其後，王莽為了討伐匈奴而派遣了三十萬

圖4-1　前漢ＳＳ

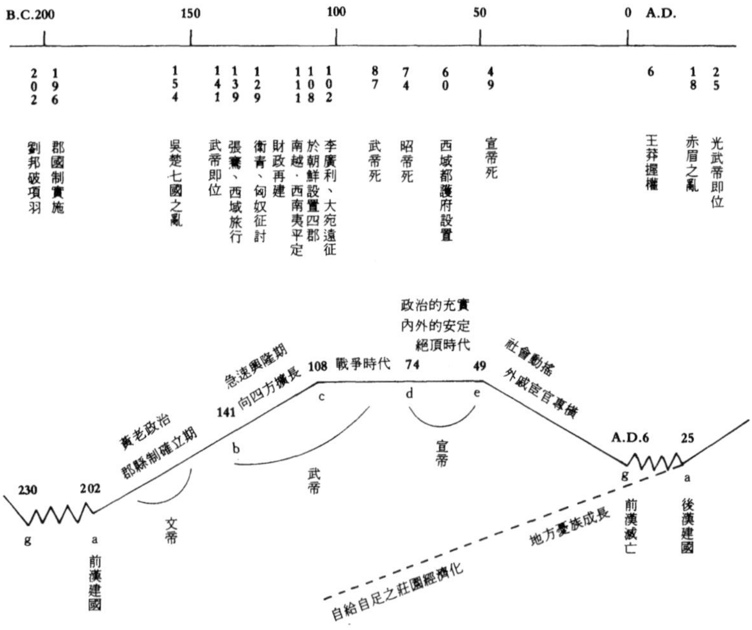

軍隊，不過在這同時，社會上的不安也開始擴大，各地也都有動亂發生。各級官吏開始貪贓枉法，人民向四地流亡，最後終於產生了大規模的農民動亂。此時，綠林兵和赤眉兵舉兵，各地的豪族也乘機起義，西元二三年王莽被殺，新朝的壽命只有十五年即告瓦解。其後，各地群雄雖為爭天下霸權而續有紛爭，不過河北一帶打倒王莽而彰顯其勢力之劉秀，在西元二五年六月，將各地將領分別擊破而登帝位。同年十月，劉秀將首都遷於洛陽，使漢帝國再興，東漢SS於焉誕生。

從西漢到東漢的階級交替

劉秀稱東漢光武帝，其祖先乃有西漢景帝血統之豪族大地主。漢光武帝身邊的將軍及功臣都是擁有私人兵力的地方豪族，因此有人說「東漢帝國一開始就是豪族地主的聯合政權。」。易言之，自西漢以來未有支配勢力的豪族，現在開始又重新抬頭，而產生了階級交替的現象。

上面所說的這些豪族，其祖先因為開墾及農地的買賣而擁有大片的土地，到了東漢因同族的人口不斷增加，故同時也確立了莊園為主的自給自足經濟體制，另外這些豪族也善於追求利潤，也創造了高經濟力。

西漢究竟在何時進入P點雖然不是那麼確切的清楚明白，不過大概就是從武帝時代的經濟改革開始吧！從那時後開始，鄉村也開始自給自足了。

圖4-2　前漢ＳＳ的文化

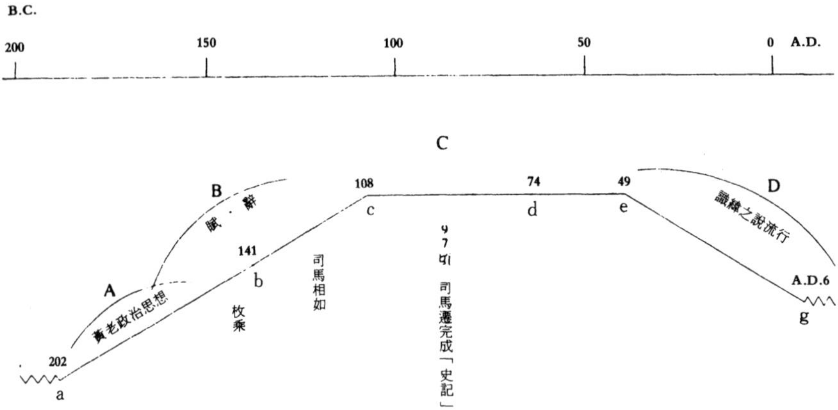

西漢SS的文化

A型文化

漢朝開始，因有感於秦朝行嚴格的法治主義，為了安撫人心等社會要求，故在漢初流行的是，講求無為自然的黃老思想。此種思想與其說有自社會逃避的傾向，不如說是帶有濃厚現實意味的樸素政治思想。

在此A型的文化期，其內容可以說是古典的復活，易言之，黃老思想的流行可以說是中國基層精神文化的復活。

B型文化

漢武帝自身有著文學的才能，而能自行創作含有賦、辭之長篇歌謠。在此時期，著名的賦家有枚乘（生年不詳，卒於西元前一四〇年）及司馬相如（生年不詳，卒於西元前一一八年）。司馬相如對於辭、賦的造詣，可以說是得到第一的評價，其文辭的華麗，六朝之文人亦多所模仿。於此時期，形成了西漢SS之B型文化期，而在中國文學史上留下了一個黃金時期。

另外，音樂詩—也就是樂府的創始作者，作曲家李延年，也是B型文化期的代表人物之一。

C型文化

在C型文化期的文化活動以散文為主，其足堪為代表者，不用說，乃司馬遷於西元前九七年左右（生於西元前一四五～八六左右）完成之『史記』。『史記』一書以個人傳記為中心的記傳體，其所記載的史料時間，從太古開始直到漢武帝結束。

司馬遷寫史記的原因吾人不得不提，他因為替被匈奴所拘捕之將校李陵辯護而觸怒了武帝，被宣告處以死刑。後來死刑雖免，不過為貫徹皇帝的威望，他仍被處以宮刑（即割除男性生殖器），人生至此，司馬遷乃更加深了完成歷史著作的決心。

在西漢SS，除史記之外，不見其他得以代表C型文化之物。甚至於戲劇精神類也不得見。這大概是No.1型的ＳＳ缺乏創造力、發現力的緣故吧！

D型文化

西漢末朝因為社會動搖等因素，而使得讖緯之說大為流行，而形成了D型文化。「所謂的緯，乃相對於經，雖然傳述孔子思想的是為經書，不過在緯書當中更記載了進一步的想法，因此與各類經書相對照，緯書可以說加了許多的神秘色彩。」。而讖緯書乃從西漢末朝開始有人著作。所謂的「讖」乃帶有預言的味道，王莽乃利用此強調自己是天意命其作皇帝，以製造、鼓動輿論。

除此之外，學問的自由並未開展，以致「在漢代後，中國的思想界要脫逸出經書規定的範圍可以說極為困難。」。武帝時把儒學奉為國學，可以說明斯時文人只研究儒學而不及於其它之一例。

第五章　東漢・三國ＳＳ

興隆期之隆盛

東漢光武帝在西元二五年即位（a點）（在位期間自西元二五年至西元五七年），西元二七年他平定了赤眉之亂，接下來討伐反抗他的舊貴族官僚，西元三七年，以結合豪族地主的聯合政權而完成了統一。

光武帝施政以使國內老百姓的生活安定為第一優先考量，所以他試著把行政機關及軍備的規模都加以縮小。他也將徵兵制予以廢除，鼓勵士兵回鄉從事農耕。光武帝還測量全國的土地，以求租稅之公平與減免。另外，漢光武帝也被評價為在所有的開國君主中屬第一級的學者，他任用官也以其德性及操節作為選拔之標準。

在漢光武帝的對外政策方面，他為了使國力回復而採取消極的政策，對於匈奴的侵入，採取守奴防禦，而不派兵去討伐。而在東邊的朝鮮半島等國家，於漢光武帝時也都降服於東漢；西元五七年，日本（時名倭國）的使者亦向東漢朝貢。

明帝在東漢光武帝之後繼位（在位期間自西元五七年至西元七五年），他崇尚樸素生活，而專心於學問及政務。而後繼位的章帝（在位期間自西元七五年至西元八三年）也是一位寬容的君主，東漢於此期間可以說是興隆期。西元七三年明帝命竇固討伐北匈奴，翌年令班固平定了西域。西元七三年西域離反，不過由於班固之弟班超甚為活躍的緣故，西域五十餘國都向漢朝來進貢，西元九一年，班超被授為西域都護。

東漢從建國開始到和帝（在為期間自西元八八年至西元一〇五年）在位初期，可以說是處於興隆期，人口在東漢成立後約六〇餘年間，比以前增加了一倍。

空亡的維持期

東漢SS對外的發展到第四代的和帝為止，便停頓下來，易言之，東漢王朝的國力自和帝起便開始衰退。和帝在西元一〇五年死亡，這時SS也走到c點。自此以後，國民的生活也好、政治也好，全都陷入混沌狀態。

在這段期間人口仍舊持續的增加，但天災和饑荒也不斷的發生，社會關係日趨惡化，政府行政效率亂無章法、農民因為失去耕種的土地，而使得流民也多了起來。總計從西元一三二年至一七二年的四十年間，農民為了拒繳重稅起而作亂者有三十餘起。

在此段期間對外聯係而言，就西方來說，於西元一〇七年欲求獨立之西藏系游牧民族—羌族起而叛亂，將西域的諸條道路阻絕，而使的西域各國對於東漢不再服臣。而東漢對羌族的戰爭，便一直猛烈的持續了六十年，為此東漢每年歲入的四〇%，約十四億皆須投入軍備上。而北方的鮮卑、烏桓及南匈奴也在西元一〇九年聯合起來向東漢進攻。另外在東方，高句麗則在西元一四六年入侵了遼東。

如前所述，於此時期東漢人民的生活已非常困苦，國家也受到四鄰的侵擾，不過這時在肥大化的中央政府，宦官及外戚卻正上演著一場醜陋的政爭遊戲。外戚的專橫，以及宦官的介入政治，是從和帝時候開始的。於外戚中握有最大權力的梁冀，在西元一四四年擔任大將軍，西元一四六年他將年僅九歲的質帝予以殺害，直到繼任的桓帝時代，梁冀都相當的專橫。西元一五九年，桓帝得宦官的協力而將梁冀誅殺，梁冀一門之勢力被逐出朝中後，使得東漢最大規模的宦官專政時代宣告來臨。這些宦官無端貪婪的索取賄賂、進用品行不正的官吏，對於生活已經相當困苦的人民還課徵不合理的稅賦。另外這些人也冊封自己的官位，其生活奢華、浪費的程度可以說無以復加。

對於朝中宦官如此的行徑，太學生以及地方的名士、書生和儒生開始了對國政的批判運動。這些人雖然支持清流派的宦官，不過卻受到政府二次的鎮壓。而此時的清流派受到政府的禁錮，故「轉向在野勢力發展，並廣植了根基，後述魏晉南北朝其中貴族這個階級，就是從在野潛在勢力中成長。」其發展的情形，可與俄羅斯ＳＳ之西歐派自由主義者作一對照。

東漢ＳＳ自ｃ點以後，無論在國民生活是否繁榮、對外關係有否斐然、政治是否安定等方面皆無一處可受人誇耀者，以至在東漢ＳＳ並無其它ＳＳ有「全盛期」這個期間。所以村山先生給了它「空亡的維持期」這個名稱。也就是說，在外戚和宦官之爭下，而東漢仍得以延續其ＳＳ的生命力，這樣一個時代稱為「空亡的維持期」。

依據村山先生的看法，文明的創造以在ＣＣ的ｓ點以後為原則，在此之前屬於α期的No.1及No.2型的ＳＳ都屬於未成年的ＳＳ（基本上來說），尚未達到全盛期。屬於第二型ＳＳ的文明創造力，在世界六〇〇〇年的文明史中之任何一處都可以說是比較低的，從而屬於此型的東漢、三國ＳＳ當無全盛期及文明產生的道理，而之所以如此乃「ＣＣ為ＳＳ的上位優先概念」有以致之。

黃巾之亂及衰退期

如前所述，在所謂的空亡維持期，農民的生活已窮困到了極點，其中尤以糧食不足使問題更加深刻，最後SS的維持期力有未逮而轉換到了衰退期。西元一八四年，引發了黃巾之亂（e點）。而各地之所以會有農民暴亂發生，究其根源乃所謂以「太平道」為名的道教新興宗教作亂之故，西元一七四年左右鉅鹿人張角號召了數十萬人的信徒舉事，黃巾之亂於焉誕生。另外，屬於道教系統的「五斗米教」也參加了此一亂事。

因為有黃巾之亂的發生，使得政府的權力鬥爭一時中斷，此時政府將原先禁錮之黨人（清流派）予以釋放，以求對動亂得以鎮壓。而黃巾賊的領導人張角因為病死，而使得其主力軍漸行走敗。在黃巾之亂平定之後，中央政府中外戚和宦官的權力鬥爭好戲又再度上演。

但是時代畢竟和以前不同了。因為黃巾之亂的結果，朝廷為了平亂，加重地方的權力，而使的地方被群雄割據、豪族為與中央爭權而向中央進軍。其結果使得外戚及宦官盡數被殺。西元一九〇年，洛陽城遭祝融之禍，翌年，全城變成灰燼。

這個時候，仍有皇帝名分的獻帝，乃向有力豪族——曹操求援。曹操受命之後，手中掌握了東漢帝國的實權，便「挾天子以令諸侯」。曹操死後，帝位由其子曹丕（文帝）繼承，在西元二〇〇〇年將東漢滅亡（f點），建立了魏國。另外，繼承了漢朝血統之劉備，得孔明之輔佐在西元二二一年建立蜀國，江南的孫權在西元二二二年建立了吳國，而開始了三國鼎立時代。

魏國討伐高句麗，而把從中國東北到朝鮮半島西南部，都支配在自己的領土範圍內，可以說是三國中最有實力的。魏國在當時的人口占的全中國人口數的五七%、又占據了向來為中國政治、文化中心的華北地方，故在政治取得了一優勢的地位是顯而易見的，從而其名符其實的也步上了SS衰退期的主流。惟魏國在西元二六五年因其權臣司馬炎的篡位而告滅亡。蜀國在西元二六三年為魏所滅，此時原本形成的三國時代正式告結束，而使SS走到了g點。

另外，有人對三國時代是否屬SS的衰退期，向村山教授提出質疑，村山教授則以「三國時代乃SS的中央權力一分為三，這三股力量互相抗爭，最後這三股力量皆歸於沒落的時代」作一說明。把東漢的滅亡以及三國時代在歷史上分別予以看待的一般史學，只能看得到單一的事件卻無法捕捉文明全貌的。

東漢SS的文化

東漢SS的文化乃屬於α期第二型（No.2）SS的文化，此型的文化特性前面已講述過，其文化的創造力較低，文化型的發展尚未成氣候。就學問的研究而言，一般來說並不興盛，儒家方面並沒有新的發展，倒是訓詁學一門有多人研究。東漢SS的文化究竟如何，且看如下的敘述。

王充（西元二七年～九〇年）提倡實驗主義，認為凡事皆應有合理的批判精神，而他也對神秘主義思想等飄渺虛幻之物痛予抨擊，所著『論衡』一書，可稱為其思想代表作。張衡（西元七八年～一三九年）以精巧的手藝發明了青銅製的『渾天儀』，用以闡明天體運行的法則。另外他也製造了『地動儀』，功能與現在的地震計相同。

在醫學方面，張仲景（西元一五〇年～二一九年）著有現代急性熱病相當之『傷寒雜並論』一書。東漢時期另有一名醫不能不提及，那就是華佗。他對於內科、外科、產科、小兒科及針灸皆相當精通，而且能以痲沸散作全身痲醉而進行外科手術。華佗最後因為曹操所疑而被殺，三國誌中有華佗傳詳載其事蹟。

歷史學方面，班固（西元三三年～九二年）著有一〇〇卷的『漢書』是眾所皆知之

圖5　後漢・三國SS

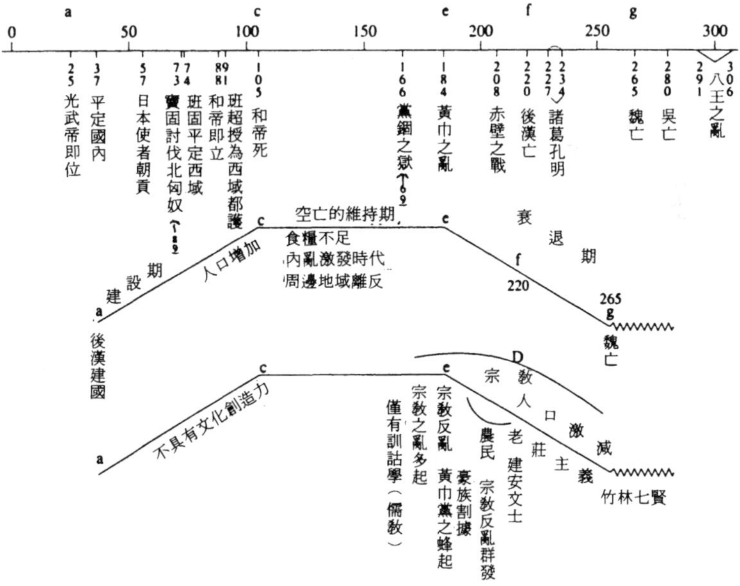

※本圖乃村山節先生所作，由筆者加著

事。

而在訓詁學方面，馬融（西元七九年～一六六年）及鄭玄（西元一二七年～二〇〇年）對於古文加以注釋而集大成。許慎所著之字典『說文解字』也有助訓詁學之發展。

東漢、三國SS的e點前開始，於民間即流行有太平道及五斗米教等民間宗教，而出現了D型文化。村山先生對此分析為CC之α期末之恒常現象。他認為在CC的R點至S點間乃係所謂的宗教創造期。

另外，在東漢末的建安年間（西元一九六年～二二〇年），對文士向來寬容的曹操及曹丕、曹植兄弟，將全國著名的詩人及文士集合起來。稱這些人，史上向以建安文士稱之，各個文士發揮其不同的個性而有了自由清新的文學革命。此種文學的背景乃係以老莊思想為根本，而晉代所流行的清談亦與之有關連，這種文學也是D型文化的一個分類。

第六章 魏晉南北朝時代

西晉～五胡十六國時代

三國中最具有實力的魏國最後為司馬炎所篡位，西元二六五年，司馬炎建立了西晉，後漢．三國SS至此走到了g點。西元二八〇年，西晉將三國中最後苟存之吳國予以併吞而一統了天下，但是中國的紛亂沒有減少，反而更加深了。

對於晉武帝司馬炎有如下之評價，「其欠缺做為一個合適王朝創業君主所應有之才智與果斷」，同時「圍繞在其身邊的晉朝功臣們，都是一些老朽化的官僚集團，所以只注重在如何累積本身財富，而與一般老百姓漸行漸遠，過著豪華奢靡之生活，而從未認真地思考過整個帝國之命運。」。

而也因此，在西元三〇〇年至三〇六年間發生了由西晉冊封其皇室於各地為王，彼此各諸王間相爭的「八王之亂」。八王之亂曾經在六〇日內發生使十萬人死亡之戰鬥，整個河南、陝西地方幾乎可以說完全荒廢，其結果則造成西晉四鄰部族之獨立與入侵。西元三一六年，匈奴攻陷洛陽（史稱永嘉之亂），西晉隨之滅亡。此時西晉皇室之一支逃至江南，定都於建康（即今之南京），而建立了東晉。

同一時期，被稱為五胡之匈奴、羯、鮮卑、氐、羌等民族在華北陸陸續續建立了十六個小國，而進入了五胡十六國時代（西元三〇四年至西元四三九年）。五胡十六國時期乃相當於CC之S點前後，可以說是世界史轉換的激變期。此時可以說是相當於「西歐民族大移動之中國的歷史上的大變動。」。

但是五胡的入侵中國並不只是導致中國荒廢。易言之，「如將五胡十六國時代視為一個續生蠻族暴君的無秩序亂世，那是不正確的觀念。因為此時仍有許多致力於建設『中國正統王朝』之君主。（中略）對於中國的發展來說，五胡民族可以說是注入了這種活力。」。在五胡十六國中，最先建國乃匈奴人劉淵建立之漢（史稱前趙，西元三〇四年至三二九年），其本身受過儒家教育，並且精通漢語與孫子兵法。

此時的中國從北方及西方注入了活血。因此增強了生命力而邁向了CC的β期。

北朝

在五胡十六國中勢力最大的鮮卑族拓跋氏，於西元三八六年建立了北魏，於西元四三九年將華北統一。

北魏國力最充實的時代為魏孝文帝時代（西元四七一年至四九九年），而自其即位開始，可以說是南北朝．隋．唐ＳＳ的ａ點。魏孝文帝認為徹底的支配中原必須實行漢化政策，於是在西元四九二年把首都遷移到漢文化的中心——洛陽。另外在朝廷的儀式也都依中國的禮式而行，同時也把胡姓改為漢姓，並且禁止人民著胡服說胡語。而他也禁止人民在死後埋葬於北方原野。中國文明對於異民族的漢化程度，可以說以魏孝文帝推行的最為徹底。

西元四八五年，魏孝文帝制定了均田制，對於成年人，不分男女都給予相同大小的口分田，即連奴婢也不例外。此制度的推行正好抑止了大片大地私有化現象。均田制的實施可以說是平等化的實現，是在ＳＳａ點時期所能見到的情形。另外因為均田制的實施，而培育了自耕農，使得農業生產力隨之回復，也確保了政府的稅收，而此乃當初其推行均田制的目的。北魏和其他五胡諸國所不同者乃其係以農業為基本，而這也就是SS能夠成長的基礎體力。

上述「北魏的政策，可以說是隨後隋·唐二朝統一的原型」，而使得SS可以繼續不斷的成長下去。北魏於西元五〇一年所建立在洛陽城外之廓城，可以說是其後隋、唐二朝長安城及洛陽城之都市計畫的模型。

西元五三四年，北魏因為內亂而分裂為東魏及西魏，東魏於西元五五〇年改國號為北齊，西魏於西元五五六年改國號為北周。西元五五七年，北周將北齊消滅而統一了華北後，於西元五八一年建立了隋朝。

在北朝如此短命王朝交替劇烈時代，雖然可以說是亂世，不過握有權力者，其連續性可是從西魏—北周—隋—唐一路下來未有間斷。舉例來說，隋王朝之開國皇帝—隋文帝，其父乃係西魏·北周時代最具實力者，號稱「一二大將軍」的楊忠。另外唐高祖的祖父李虎，乃是北周時代位居武人最高官職「八柱國」中之一人。而隋煬帝之母與唐高祖之母係姐妹，二人可以說是表兄弟。而其二人之母皆係出於鮮卑足之名門，所以身上也可以說是流著有北魏的血脈。

南朝

流至江南的晉朝人建立了東晉，當時隨之南下逃亡的，還有華北的豪族以及其從屬人民，而東晉也就在江南一帶以傳承正統中原文化為自居。西元三八三年，東晉於肥水一役將幾乎已一統華北之氐族（五胡之一）所建立之前秦予以擊潰。

在東晉之後所成立的王朝，即是史上所謂的南朝，共有宋（西元四二〇年至四七九年）、齊（西元四七九年至五〇二年）、梁（西元五〇二年至五七五年）、陳（西元五五七年至五八九年）等四個短命的王朝。

將東晉滅亡的劉裕，其出身非常貧困，最後亦從一個卑微的傭兵當上了皇帝。在宋朝暗殺的情形相當盛行，傳了八代的皇帝共有五個是被暗殺的。皇子幾乎都是因為捲入政爭而被殺。宋朝最後被蕭道成（齊之開國皇帝）逼迫讓位之順帝，曾有「但願我下輩子不要再生於帝王之家」之感嘆。

南朝中國力最盛的梁，其貴族在末期的戰亂中，竟然發生將入侵國都的軍馬視為老虎的錯誤，當然國力也由此可看出已走下坡。而戰亂也使得江南地方幾乎成了廢墟。

南朝中最後立國的陳，也持續不了多久，其對於來自北方隋朝的攻擊，幾乎可以說完全沒有抵抗能力。

魏晉南北朝時代之文化

魏晉南北朝時代，在宗教、思想、書法、繪畫及雕刻等方面，於中國歷史上可以說是個特殊的創造期。就文明法則史學的立場為之分析，後漢．三國SS的D型文化以及南北朝、隋、唐SS的A型文化，可以說是由CC之α期移動至β期之文藝復興先驅現象（美術之創造．學術之黎明）之混在期。

在南朝，皇帝的權力被削弱，但是門閥貴族卻據有相當之實力，而也因此有了自由精神活動的可能，而產生孕育了南朝的貴族文化。

斯時繪畫方面的顧愷之（西元三四四年？至四〇五年？，確實生卒年不詳）以及書法方面的王羲之（西元三〇七年？至三六五年？，確實生卒年不詳）都可以說是該方面的師祖，也可以說是中國文藝復興先驅的天才。

從東晉到宋之間政權交替的時代，為逃避醜陋政爭之田園詩人陶淵明（西元三六五年至四二七年），因為受到D型文化老莊思想的影響，可以說是屬於A型

圖6　兩晉南北朝時代

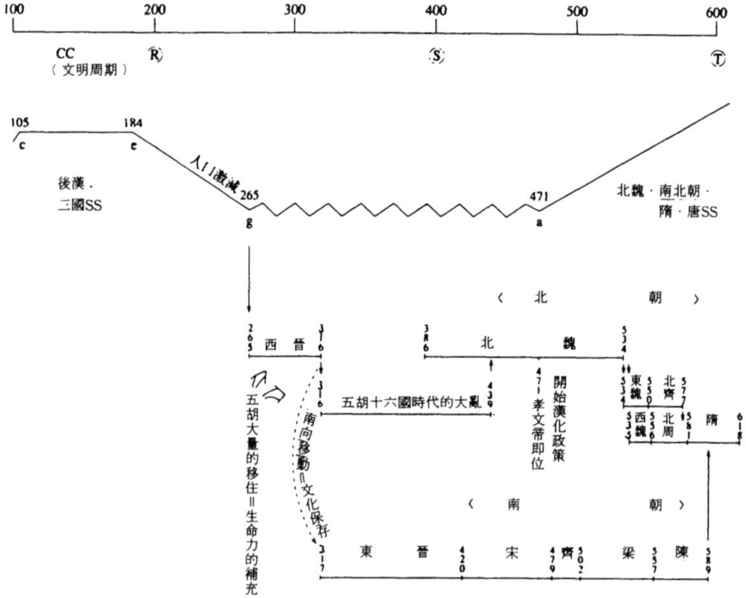

的敘事詩人。而山水詩人謝靈運（西元三八五年至四二三年）其行事風格亦與之相近吧。

南梁昭明太子（西元四九九年至五二九年）將春秋以來的詩文集予以彙集成『文選』一書，此書「在日本而言，可以說是與『萬葉集』與『古事紀』併列之」之書籍，而屬於A型文化之類型。

而在南朝文化的思想及宗教方面，因為自後漢末期以來社會即極為不安，故老莊思想甚為流行，而佛教也很興盛。而這些乃屬於D型之文化。魏晉時代的老莊思想，乃對於世俗之物摒棄不問而流行清談之深遠哲學議論。東晉之竹林七賢可堪稱為代表。

佛教在南朝可以說具有貴族佛教之性格。南朝於梁武帝在位時（西元五〇二至五四九年），可以說是極其旺盛期，而斯時因內外均無紛擾，使得貴族文化達到了頂點。貴族在通曉了「無」即是「空」之哲理後，且於熟暗老莊學之情形下承受了佛教，於梁武帝時，在首都建康建立了超過五百座的寺廟。同時東晉的慧遠（西元三四四年至四一六年），組成了白蓮社，而成為中國淨宗之祖。

同樣的，東晉時期的僧侶—法顯（生於西元三三七年左右，卒於四二二年），從陸路走到印度求取佛跡並採集經典，而從海路回國。法顯的行動可以說是對學術研究帶來了曙光，而成為CC文藝復興的創造活動之一。

另一方面，北朝的文化因為係外來民族之故，故其內容乃係簡樸、豪放，與南北朝文化又有所不同。

在北朝，因從西域來的僧侶佛圖澄（生平不詳卒於西元三四八年）以及從印度來華翻譯佛經之鳩摩羅什（西元三四四年至四一三年）等人之努力而始得佛教大為流行，而文化也就因佛寺之建立，以興盛的佛教為基礎而展開。但是，在北朝之所以發展佛教乃是為了新國家的建設而起。此時從印度來的王族達摩到華北傳授禪宗，與鎌倉初期所流行的禪宗相同，其內容應皆屬於A型。

隨著佛教興隆而來的乃為美術的盛行，在北朝時期，有敦煌、雲岡、龍門、檜積山等石佛及壁畫。

另外，在民間的信仰方面，因神仙思想、老莊思想、佛教等思想之混合而產生之道教，在西元五世紀的北魏被確立。集大成者為寇謙之（西元三六三年至西元四四八年），道教成為魏之國教乃皇帝聽信其所言採用。道教雖然是從D型文化中所產生，不過它與逃避現實之南朝清談有異，而著重在現世的幸福，其內容應屬A型之文化。

第七章

唐ＳＳ（北魏、南北朝、隋、唐）

北魏・南北朝・隋・唐SS

西元四七一年北魏孝文帝即位，可以說是北魏・隋・唐SS（以下簡稱唐SS）的a點，而唐SS可以說是CC之β期前半之第三型SS。而唐SS也就接續在缺乏文明創造力之西漢SS、東漢・三國SS等屬於α期SS之後開始登場。

西漢、東漢時代的歐陸，正好屬於羅馬帝國時代。西元三七五年，歐洲因為日耳曼民族的大動移而正式進入了文明交替期，經過激動的過程而進入了α期的中世型社會。隨著而來的，乃人類活動力的中心由東方文明圈所取代，斯時在西亞有波斯帝國及大食帝國，南亞有谷波塔王朝，東亞方面則有隋・唐的繁榮盛世，產生了當時世界最高的文明，巴達格及長安等城市都是市容頂盛的國際都市。

ＳＳ初期之連續性

隋、唐二朝繼續以北魏孝文帝所實施之漢化政策為施政的基本，其中，包括給予田地而課以捐稅之均田制，以及鄰里制度之三長制。北魏分裂為東魏、西魏之後，西魏（西元五三五年五五七年）開始採行兵農合一之義務兵制——即府兵制，而唐朝也承習此種兵制。所謂的府兵制乃是指國家的軍隊，基本上由農民來組成，而建立守衛鄉土及國家之責由國民來擔任的理念之上。而此理念與希臘ＳＳ興隆期（成長期）之警察市民理念可以說是相通的，亦即人民自己的自由必須由人民自己的手來捍衛。

如前所述，從北魏開始，經過西魏、東魏、北周、北齊再到隋、唐，其ＳＳ在制度上可以說有連續性，同時其支配階級亦同屬北方鮮卑一族，「隋、唐二朝皇室之家系，可以說是都與西魏至北周時代朝門閥代表者「八柱國．十二大將軍」有關連。」。

隋

西元五八一年，北周之外戚楊堅，脅迫幼帝讓位而建立了隋。西元五八九年，楊堅征服了南朝的陳國而統一了中國（SS之b點）。楊堅（即隋文帝）繼續採用均田制及府兵制，整備各種法制（律令格式），另外他為不使門閥貴族獨占各種高官位爵，對於官吏之任用開始採用學科測驗之制度。而此乃科舉之濫觴。隋所建立之中央集權政府組織乃唐帝國政府組織之基本。

隋文帝及隋煬帝皆致力於大運河之建設。大運河之開鑿不僅使位居政治中心地帶的中原，可以和長江下游的穀倉地帶相結合，而具有重大意義。另外就經濟層面而言，也始得中國南北地方得以結為一體。不過「運河雖然是隋朝來開鑿，卻由唐朝來發揮了它的機能。」。

不過此種無視於本身能力，而大為建設之舉，卻使得隋朝開始產生傷痛。隋朝的國力也就因為大興土木及三次遠征高麗失敗等因素而開始消耗，對此不平之各地豪族開始起而作亂，隋煬帝因為兵變而被殺害，西元六一八年，隋朝滅亡。

另外，日本在西元六〇七年曾派遣小野妹子至隋朝為使節，亦須一提。

唐初及貞觀之治

李淵（即唐高祖）本係山西的武人貴族，其在隋末動亂之時舉兵，西元六一八年，李淵攻入長安而就帝位，並改國號為唐。李淵占領長安時並未把長安城燒毀，而這也使得他得以繼受西魏、北周、隋等三代皆定都於長安之各項有形無形財產。同時也因為如此，唐朝可以說是繼程承了隋朝所架構起來的支配體制。

「唐初，高祖、太宗、高宗三代可以說是唐朝之興隆期」，這使唐之基礎穩固，特別活躍之唐太宗（在位期間至西元六二六至六四九年），幫助高祖平定各地之群雄，並在西元六二八年統一了全國。太宗治世之政績相當卓越，後世皆以「貞觀之治」稱之，其施政亦常為後世所稱道。太宗在位時人民生活富裕，路不拾遺，而因為沒有盜賊故有百姓家門大可不必緊閉，商人及旅人在外野宿也相當安心。

在太宗的周圍有房玄齡、杜如晦、魏徵等文官以及李靖、李勣等武將來輔佐朝政。太宗對於這些臣子的意見也都能接受。太宗與這些名臣的對話則詳載於「貞觀政要」一書。

貞觀之治之名臣，特別值得注意者，就是這些人中包含了名門貴族出身者，也包含了庶族寒門出身者。之所以有這種現象，我們可以先暫時把唐太宗的人望撇開不談，由法則史學的觀點來看，可以將其解釋為ＳＳ成長期的一種階級協力現象。如果依照村山先生之說法，就歷史全體而觀，階級對立時期共占三分，而階級協力期間應占有五分，較對立時期要來的長，而剩餘的二分則可以說是非對立亦非協力之時期。大體上言，在ＳＳ成長期屬階級互相協力時期，而於全盛期，各階級開始反目，及於ＳＳ衰退期則激起階級對立。

唐朝的對外發展

唐ＳＳ在唐太宗．唐高宗（唐之第三代皇帝，在位期間自西元六四九年至六八三年）大舉對外發展，其版圖和隋朝比較起來可以說大了許多。就北方而言，唐太宗在西元六三〇年將東突厥滅亡，西元六五七年唐高宗平定了中亞的西突厥。而在西方，西元六六三唐高宗將西藏的吐谷渾及吐蕃予以消滅。

在唐帝國對東方的發展而言，雖然唐太宗遠征高麗（西元六四五年至六四八年），一直未能成功，不過高宗繼承其遺志，在西元六六三年征服了新羅及百濟，最後在西元六六八年將高麗降服。另外，當唐朝的軍隊占領百濟的首都扶餘時，日本為救援百濟而出兵和唐朝軍隊戰於白村江（西元六六三年）。此役日本水軍四〇〇艘軍艦被擊沉而大敗。另外，為防止唐及新羅之大軍向日本攻來，日本亦大為緊張，而在西日本各地築起了防禦性堡壘，九州地區亦配置了防人（即奈良時期至安平初期配置九州之邊防軍）。

就南方而言，唐朝亦可以說將中南半島之大部分地域收歸統治，占城、真臘、扶南、闍婆、室利佛逝等國亦來朝貢。

武、韋之禍

ＳＳ在前進到全盛期之ｃ點前，通常都會陷於內亂的停滯狀態，而在唐ＳＳ即發生了武后之亂。唐高宗在位的時代（西元六四九年至六八三年），雖積極向外拓展版圖，而大大的宣揚了國威，不過在內政方面，權力的鬥爭卻隔外引人注意。

高宗在位末年因體弱多病，而使得皇后武氏（即天武后）掌控實權而總攬一切政務。武氏雖本是唐太宗的嬪妃，不過在唐太宗死後，卻搖身一變而成為高宗的皇后。之所以會有這種情形，大概是北方民族的風俗吧！高宗死後，雖由其親子中宗即位為帝（在位期間自西元六八三年至六八四年），不過武后將其廢除。而繼而為帝的亦為高宗之親生子睿宗（自西元六八四年至六九〇年），亦與中宗遭受同樣命運。西元六九〇年，武后自立為帝，改國號為周（西元六九〇年至七〇五年），唐朝自此暫為中斷。武后肅清了唐朝一族及功臣，而成為中國史上唯一的女皇帝。「武后之所以會成功，乃得力於對唐初門閥官僚反感之科舉官僚及新興地主之支持。」。

武后所採取的高壓政策相當可怕，她對於與唐高祖、唐太宗有血緣關係之人，除了自己的孩子以外，都將其殺害不留一活口。雖說武后行事霸道之極，但是這不正是於謙讓時即臨被奪取、攻擊時即臨被攻擊、食人或被食之權力鬥爭的世界。而和自己對立者即使是和自己有血親關係者也都無一赦免，因為這就是置身於這個世界的宿命。而由武后的施政，我們也學到了霸道的界限及教訓。

再者，就SS成長期的動搖，反而使得體制強化，這一點於拙著『文明法則史學入門』一書有詳細之敘述。「武后所進行之權力鬥爭，可以說是發生在包圍於武后身邊的特權階級，與一般人民幾乎可以說沒有關係。而因武后採行的大量處刑，使得唐朝王室外戚數百人及大臣數百家都被犧牲，就整個大局來看產生了肅清政界的效果。」。也就是說其結果使唐SS又有所成長。

武后衰老之後，中宗在西元七〇五年復位。但是其皇后韋氏，將中宗毒死而掌握了權力。武后及韋氏所發動的政變，後世亦以「武韋之禍」稱之，其間共有二十餘年的紛擾。

開元之治

對於韋后之威勢，睿宗之子李隆基在西元七一〇年發起政變。睿宗在西元七一二年將帝位傳給隆基，是為玄宗（在位期間至西元七一二年至西元七五六年）。玄宗即位之西元七一三年開始了聞名天下的開元之治（西元七一三年至七四一年），唐ＳＳ進入了全盛期，亦即到達了ｃ點。

開元之治乃大唐帝國的最盛時期，此時貴族文化的發展也趨於成熟。在政治上相當安定，「在國內幾乎沒有一件可以值得記載的大事」，整個來說相當和平。開元之治會是唐朝最盛時期，其中武后所進行的大整肅將舊勢力掃除一空，而依科舉所晉用產生的新官僚集團，得以自由地相助玄宗，可說是一個重要因素。宗璟、韓休、張九齡等人常率直的向玄宗進諫言，雖然玄宗其體型略為弱小，不過他卻說過「我自己雖然瘦小，然而我採行了這些忠臣的諫言，普天下皆因而受益而壯大了。」

除了政治安定之外，在經濟方面亦可稱穩定，貿易及商業皆相當盛行，在此時人民的生活可以說豐衣足食。治安也相當良好，旅人根本不需要攜帶護身用的短刀。

另外從漢朝至魏晉南北朝，一直為羅馬商船所獨占之印度洋海上貿易，於爪哇、蘇門答臘到暹羅，都有中國的商船在運營，而阿拉伯商人的勢力也開始拓展，廣州、泉州及杭州等港口皆有數萬名的阿拉伯人居留，市況相當繁榮。

安史之亂及d點

玄宗於其即位之時心地雖然相當樸實，不過因為天下長久太平，又加上他寵愛楊貴妃，以致玄宗晚年生活變得奢侈浪費。同時又因為楊氏一族位居政府要職，政治上亦起紛亂，因此，節度使安祿山及其部將史思明起而叛變，即所謂的安史之亂（西元七五五年至七六三年）。

安祿山本來身兼北東地區三個地方之節度使，不過其和楊貴妃之堂兄，即宰相楊國忠不和而對立，最後在幽州起兵叛變，並攻入長安、洛陽，將二城予以破壞。玄宗為此逃至四川，而在逃往四川的路途上，玄宗拗不過軍士的要求，把楊貴妃及楊國忠給殺了。安祿山為展現其勢力，曾一度以大燕皇帝自稱，不過最後在西元七五七年，因叛軍發生內鬨，安祿山被其長子所殺害。安祿山死後，叛亂雖然繼續，不過唐朝最後得到回紇援軍的協助，而把叛亂給鎮壓了下來。

西元七五五年開始的安史之亂，就唐朝的歷史而言可以說作了一個很大的分水嶺。在安史之亂已到達ｄ點，就整個ＳＳ來說已過了最高峰。易言之，此事件可以說是在ＳＳ頂端所碰見的強烈雷雨。

西元七五一年，唐朝於恒羅斯河畔一戰，敗於大食，也是ｄ點時期的內容。而中國的造紙技術，也因為此次戰敗的失敗，而傳到了西方。

雖然有人說「安史之亂是唐帝國從最盛時期到衰亡時期的一個轉換點」，唐的最盛時期已告結束，但是其財政改革卻得以成功，所以唐所做的中興努力，使得其帝國的體力仍相當充足。安史之亂以後至西元八三五年，於文學史上係以「中唐」稱之，其時間乃在「晚唐」之先。

中唐以來，因科舉而由庶族出身的官僚，其勢力已超過了門閥貴族勢力之上，而且就一般來說，這些人也比較受到尊敬。

唐朝中興的勢力

唐朝在安史之亂以後，中央政府變的勢單力孤，當初幫助唐朝平定安史之亂的回紇因此坐大，也給了唐朝很大的壓力。而因為中央政府已對地方無法支配，各地的節度使也多不向中央政府繳稅，故財政的重建，乃成為安史之亂後，政府的第一要務。

在此種情況下即位之德宗（在位期間自西元七七九年至八〇五年），對於不聽從命令之節度使，嚴格加以管束，並採用宰相楊炎所提出之新稅法——即兩稅法（西元七八〇年）。所謂的兩稅法乃是指「承認土地之私有制度，對於在土地上原是安居者，或從別處遷移而來者皆不加以區別，而將居民在其現住地予以登錄，然後依其財產的多少來分列等級，最後在依各等級決定其應納稅額」，而由人民在夏（麥收成時）、秋（粟或稻收成時）二季繳稅。易言之，納稅乃由人民向政府繳錢為原則。唐朝自立國以來所實施的均田制，至第三代高宗治世之末，已開始出現破綻，迨德宗實施兩稅法，支配唐朝前半的均田制可說完全崩潰。

兩稅法雖然使得唐的財政得以再建，不過使得唐在遭受安史之亂這個大衝擊，還能維持一五〇年左右命脈的，卻是得力於富庶的江南。江南因受戰火的波及較小，可以說未荒廢，同時又因為開發得宜，使其生產力大為提高，而成為唐朝經濟上重要的基礎。另外，鹽的專賣制度以及消費稅的徵收，也都有助於唐朝後來財政的收入。

德宗在使國庫增加以後，接下來便開始著手抑制已有獨立國化的藩鎮。可是政府軍和藩鎮之間的戰事相當激烈，當然軍費也就跟著大增。為此政府乃課徵一種五%的除陌錢（銷售稅）及間架稅（屬於固定資產稅），當然因此人民的怨恨也隨之而起。

時間進入第九世紀，這時全國的動亂接連的發生，在宮廷內宦官的勢力高漲，整個朝政可以說被宦官把持，而為其隨心所欲。西元八〇五年，德宗未盡其初志而駕崩，此時唐ＳＳ已走到了衰退期的ｅ點。

接替德宗的順宗因體弱多病，僅在位八個月即把帝位讓給憲宗（在位期間自西元八〇五年至八二〇年）。憲宗將河北三鎮征服，使得中央集權的政策達到一時的成功。不過，「強而有力的藩鎮之所以會屈服，乃是因為藩鎮內部分崩離析的結果。」。

後來有一半的藩鎮都未來申報戶口，也都不納稅。同時中央的官僚也汲汲於黨派之爭，而忘卻了朝政。憲宗只注重其私利私欲之滿足，更加速了唐朝的衰退，晚年過著驕奢生活的憲宗，最後終於被宦官所殺。

唐朝第十六代皇帝宣宗（在位期間自西元八四六年至八五九年）可說是「博聞強記」（聽力及觀察力皆相當敏銳），有事對宣宗上奏者，宣宗有著上奏者不敢仰而視其容顏的威嚴存在，宰相有事上奏時，所流的汗都會把所穿的衣服濡溼。如果宣宗生在唐SS的a點到c點間，他對於唐朝勢力的延伸會有很大的幫助，如果生在c點到e點之間，也許會是個名滿天下的名君，只可惜他卻是在e點到g點之間登場，也就因此無特殊之功績可供記述，最後無名而終。

黃巢之亂及唐之滅亡

到了唐朝末年，中央政府的勢力又更加的縮小，「在政府內部，有對於不服從命令之節度使主張徹底鎮壓的理想主義派，與深知唐朝國力而主張妥協之現實主義派兩者之對立。這兩派於九世紀中持續進行了四十餘年的激烈黨派鬥爭。這兩派為了壯大自己的勢力，而互相拉攏朝廷之宦官，使得宦官之勢力大為增加。」。

如前所述，憲宗是被宦官所殺，而憲宗之後的八個皇帝中有七個是被宦官擁立的。擁立昭帝（在位期間自西元八八八年至九〇四年）之宦官更說過「皇帝不過是我的學生」等大話。

唐到最後，社會愈不安定，農民也因為增稅和失去土地而更加窮困，終於爆發了黃巢之亂（西元八七五年至八八四年）。黃巢因從事鹽的買賣而致富，他也供養了許多的黨羽，最後他與在河北而起的王仙芝一起作亂。另外黃巢曾參加幾次的進士試驗，這是他知識份子的一面。

黃巢之亂幾乎遍及全國，洛陽及長安都被叛軍攻陷。叛軍對於富者的財產都加以追繳，然後佈施與貧者，並且將高級官吏免職。對此，討逆軍則與叛軍大大的不同，反而粗暴的掠奪老百姓之財產。

戰火延續了十年，唐朝最後因為叛軍內部的內亂，以及得到土耳其系沙陀突厥出身的節度使李克用援軍的協助，終將叛亂靡平。不過經過黃巢之亂，江南的整個沃野可說盡數荒蕪，唐朝經濟的基楚已經崩潰。貴族也隨著沒落，各地的節度使開始分裂並自行割地，占地為王。

在這些節度使中，最具有實力者乃將李克用及其他節度使予以鎮壓之朱全忠，他將唐朝滅亡，而建立了後梁，是為梁太祖（西元九〇七年）。朱全忠因受昭帝之命將宦官盡殺，而使得勢力得以進入官廷之內。其後朱全忠在皇宮之內將昭帝殺害，而立太子（哀帝）為皇帝。朱全忠對於阻礙其帝位之貴族、高官總共三十餘人，全部溺於河中加以殺害，最後朱全忠因哀帝的禪讓而取得帝位。對於唐SS的g點來說，這種情景是相當可怕的。

傳了二十代，持續了二八九年大唐帝國就這樣滅亡。此時至北宋建國的西元九

圖7-1　唐SS

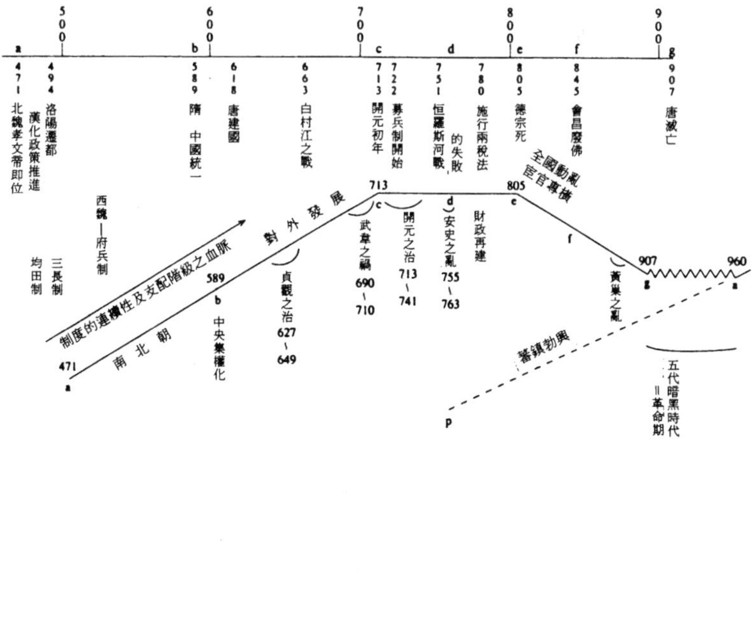

六〇年（‖a點）的五十四年間，在中原有五個短命的王朝先後存在。而這五十四年間，就是所謂的五代十國分裂時代，其時唐的支配階層及社會體制被徹底破壞。這期間即是SS的過渡期（g點至a點之間）——革命期。

唐SS的文化

唐文化屬於一種豪華的貴族文化，此種文化反映了β期前半的SS，具有印度及回教國家等濃厚異國情趣的國際性文化。

當時擁有一百萬以上人口的長安，從外國來的使節、商人、留學生、外來宗教之宣教師都住在長安，使長安在當時堪稱為世界的國際文化都市之一。斯時長安市民的生活「在衣和食等外在方面，受到伊朗系的影響很大，人人均習於坐椅、著胡服，男女均時興騎馬及打毯，演奏異國歌曲的場面相當盛大；並且使用西方的樂器彈著帶著濃厚感情的歌曲」。

同時唐朝文化影響所及把整個東亞地區包含在內，形成了一個廣大的「東亞文化圈」。日本受其影響也很深，西元八〇四年左右，空海和尚渡海至唐學習密宗。

唐朝文化中最受矚目的可以說是詩的文學，從八世紀一直到九世紀初可以說是全盛期。科舉考試中的進士科最重視考生詩和文的表現，故使得唐的文學興隆起來。

唐詩一般來說可以分成初唐（西元六一八年至七一一年）、盛唐（西元七一二年至七六五年）、中唐（西元七六六年至八三五年）及晚唐（西元八三六年至九〇六年）四個時期。初唐時期因受南北朝風氣的影響，以太宗任用的魏徵（西元五八〇年至六四三年）及武后晉用之陳子昂（西元六六一年至七〇二年）等人較為出名。盛唐時期則以玄宗時代的孟浩然（西元六八九年至七四〇年）、王維（西元六九九年至七五九年）、李白（西元七〇一年至七六二年）、杜甫（西元七一二年至七七〇年）最為活躍。中唐時期則以作「長恨歌」之白居易（西元七七二年至八四六年）及韋應物（西元七三五年至八三五年）。晚唐時期則以杜牧（西元八〇三年至八五二年）及李商隱（西元八一二年至八五八年）最為有名。上述的唐朝詩人形成了B型文化。

而在文章方面，則有韓愈（西元七六八年至八二四年）及柳宗元（西元七七三年至八一九年），此二人提倡以孟子的文體為模範而主張復興古文，這也成為宋朝以後散文文學（C型文化）的先驅。

唐SS以及宋SS二個SS共發展了A型、B型、C型、D型四個文化型態。易言之，就文化層面來說，這二個SS有一般SS的二倍大，而有受人注目的大特徵存在。

其他，屬於繪畫的山水畫等、唐三彩（陶器）等工藝都相當發達。在書法方面，筆法強勁有力的顏真卿（西元七〇九年至七八六年左右）則為大家所熟知。

為了科舉測驗的目的，儒學則都局限在標準本的制定及統一專門的解釋，而於思想、學問上卻未見發達。

佛教因朝廷及貴族的保護而得以發

圖7-2　唐ＳＳ的文化

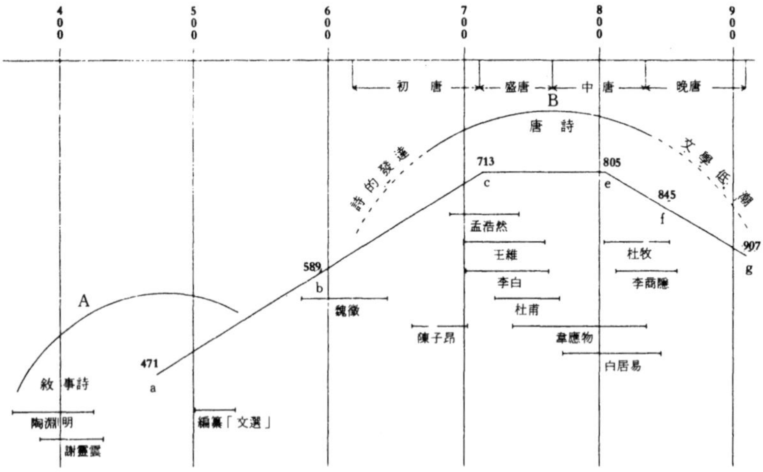

揚，分別有玄奘（西元六二九年至六四五年）走陸路，義淨（西元六七一年至六九五年）走海路到印度。

在同時還有波斯的拜火教、聶斯托留派的景教、摩尼教、回教（清真教）等宗教都從西方傳入中國。長安的大秦寺立有「大秦景教流行中國碑」的碑林，以記述當時景教流行的狀況。

上述西方的宗教在西元八四五年，因受會昌廢佛餘波的影響而開始衰廢。此種對宗教的鎮壓已顯現出唐的衰退，表示唐ＳＳ已走到了f點。

第八章　宋SS

宋的立國

在第七章所提到的五代十國時代，藩鎮的節度使為爭取政權，而開始了一個時間不算短的革命期。此時，整個中國可以說是亂世，國土皆任其荒廢，由上到下的人民都希望有一個太平盛世的到來。在可稱為名君的後周世宗死後，具有實力的趙匡胤

圖8-1　宋ＳＳ

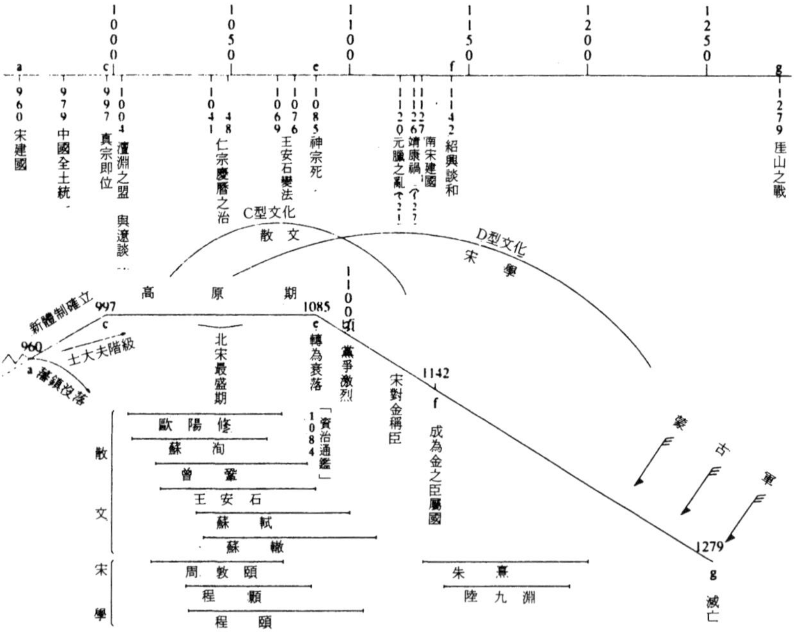

便往北出征，而建立了宋朝，定都於開封，是為宋太祖（在位期間自西元九六〇年起至九七六年止）。宋朝的領土雖不像唐朝一般能包括其北方的遼及西夏，惟其繁榮的情況相對於唐來說，「不論就時間及空間來說皆屬第一級的王朝」。

宋朝的政治制度係以君主專制的官僚政治體系為其基礎，而此種

圖8-2　宋與北方民族國家之關係

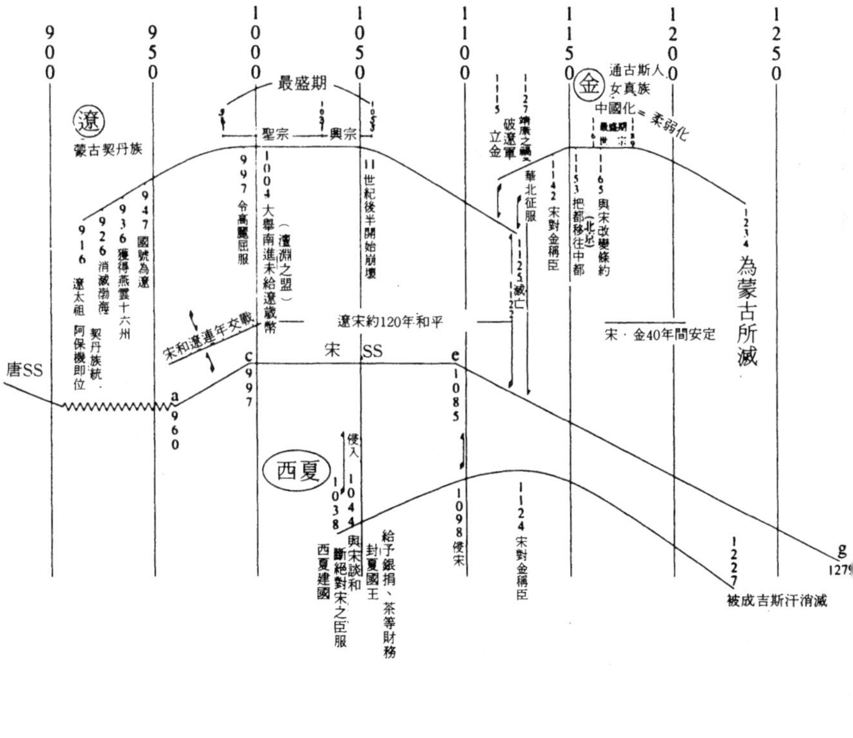

制度在宋太祖及其繼位者宋太宗（自西元九七六年起至九九七年止在位）當政時所確立。在軍隊方面，不再有由藩鎮（即節度使）可以支配的軍隊，而另外編成了由朝廷直接掌權，由其直轄的禁軍，而為武官首領之近衛軍團長並無法干預軍政。另外在文官制度方面，宋朝對於文官之首──宰相之權限亦有所抑制，如此一來，軍政、民政及財政等三權皆由皇帝直接來統轄，而強化了皇帝權。

而對於上述宋朝皇帝獨裁政治予以輔佐者，乃科舉及格出身之官僚。而為求科舉能夠合格，又必須經過多年的苦讀，因此如非新興地主等具有富豪資力之士大夫階級（形勢戶）之子弟，通常考試均不會及格。而家裡若出了一個科舉合格者，日後若該合格者做了官，其出身的家庭即以官戶稱之，並給予免除徭役的特權。是以在宋朝，形勢戶乃取代了唐朝的門閥貴族，而成為當時社會的主要支配力量。

相對於此，自安史之亂到五代十國時代，具有威勢的藩鎮勢力，即因中央集權的實施而消滅。而藩鎮的閉鎖性地域支配體制，無法適應新的時代，乃其勢力消滅的理由之一。

唐、宋 double SS

宋SS的成長期是從太祖即位的西元九六〇年開始（a點），而到繼位的宋太宗其治世終了的西元九九七年（c點）為止。宋太宗為奪回由遼所占領的燕雲十六州而向遼出兵，不過卻兵敗而返，此時中國全境達成統一（西元九七九年），宋朝的統治體制於焉完成。宋朝SS的a點到c點這一段期間短短的只有卅七年，此和東周SS的情形相同，這是因為宋朝是二位體（雙重）SS的後半的緣故。宋SS可以說是繼承了前半之唐SS的文化。

對此有必要介紹村山先生的解說。依照村山先生的見解，唐SS與宋SS在形式上雖係二個SS，不過在實際上卻係一個SS（對此村山先生將其稱為 double SS）。此種情形，唐SS的c點（西元七一三年）乃為double SS的c點，宋SS的e點（西元一〇八五年）乃 doubleSS的e點，而均重複。因此五代十國時代乃成為巨大的d點（中間休止期）。另外，唐SS的a點到c點間與宋SS的e點到g點間都很長的緣故，乃因double SS中的a到c與e到g間重複的緣故。

而此種二位體的SS是怎麼形成的呢？中國的家族主義應該可以做為這個問題的答案。和歐洲的徹底冷酷個人主義反映出來的SS比較起來，中國強烈的繼承先前所發生的SS。舉例來說，宋SS乃繼承唐SS中詩的文化而變成自己的散文，就文化型來說，唐SS為A型及B型文化，而宋SS則為C型及D型。宋SS的a點到c點雖然時間較短，不過其扮演的角色已經足夠，蓋此時儒教的本質已經承繼了其他的中國文化，不再單純只是儒教。

圖8-3　雙SS（唐・宋SS）

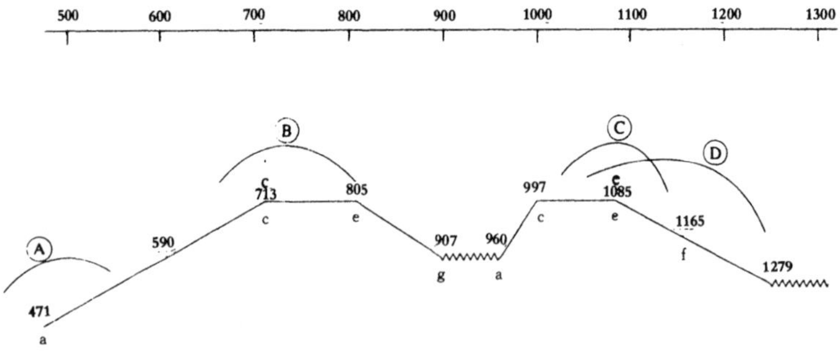

「以政治、經濟及支配階級的本質來分，可以分為前期的SS及後期的SS。也就是唐SS及宋SS。但是，就精神文化的主流而言，在唐宋的八百年間，仍是以中國的先秦文化為基礎的儒教及老莊思想，以及所流行的佛教及道教為主」（村山節先生一九九一年七月十四日解說）。

雖然唐宋之間五十餘年，存有五代十國的分裂時代，但一般來說，人們均以「唐宋時代」連稱。

全盛期前半

宋SS的興隆期在太祖、太宗二代時完成，到了第三代的宋真宗（在位期間自西元九九七年至一〇二二年止）雖然較為凡庸，不過其力阻遼的入侵而使宋的國力達到最高峰。此時遼的君主乃名君聖宗，正值其國力的最盛期，大舉用兵對南方進軍。對此宋的戰意相當旺盛，宰相寇準對於膽小的真宗連連建議他御駕親征。遼軍對數十萬精銳的宋軍當然感到懼怕，而與宋議和，此乃歷史上所謂的澶淵之盟（西元一〇〇四年），兩國的國交以宋為兄，遼為弟，並約定由宋每年給予遼銀十萬兩、絹二十萬匹。對於處於最強期的遼，與其和睦相處，可以說是宋真宗的成功之處。之後兩國間約有一二〇年左右的和平相處期。

接下來第四代的宋仁宗（自西元一〇二二年起至一〇六三年止在位），可說是宋的國力最充實的時候，西夏在西北邊不時入侵，不過宋仍能維持短暫的和平，並使社會安定。同時，文化人的人數也多了起來，呈現出文運昌隆的景象，故這段時間被後世稱為「仁宗慶曆之治」（西元一〇四一年至一〇四八年）。另外在這個時代「在士大夫之中，普遍都有在社會上擔當天下政治責任的自覺」，名政治家范仲淹更說過「先天下之憂而憂，後天卜之樂而樂」的話。

王安石的改革

「在仁宗、英宗的治世，除了與西夏的戰鬥之外，一般來說整個時代還算平穩」，不過因為以下的幾個理由，而使宋的財政支出增加，相對的使國民的負擔加重，而在各地引起農民暴動，因此使得改革變得急速重要起來。一、對遼及西夏之防備所需之軍事費。二、給與遼及西夏之歲幣。三、文官優遇因為官職的增加而增加人事費用。

在此種情形之下，年方二十歲即登基的宋神宗（在位期間自西元一〇六七年至西元一〇八五年），可說是一位英明的皇帝，而其治事首要乃先理財。

宋神宗任命王安石為宰相，而王安石亦確實從事大膽的改革。以被稱為新法的手段來行富國強兵政策，如此一來稅源得以被確保，而使國家的收入增加，國家的財政急速得到改善。

但是王安石的改革過於激烈，而受到富豪、地主及保守派官僚（舊法黨）等既得利益喪失者的反對，所以新法沒有辦法生根，王安石也因而失勢，為其後盾的神宗也隨之而逝（西元一〇八五年＝e點）。

宋ＳＳ到這裡達到全盛期，之後新法黨及舊法黨之爭更形激烈，其鬥爭陷於以私利、私欲為目的之低層次，而宋的命運乃走上自行崩潰的道路。「如果君臣上下，大體上來說，對於國政的關心，不如熱中維持自己所屬黨派或自己的政治地位」，就是ＳＳ衰退期的最早症狀。

另外，在神宗之時，以首都開封為首的所有城市都相當繁榮，一般市民皆生活安逸而有庶民文化的出現。走在開封街上什麼都可以買得到，歡樂街相當的熱鬧，人口一〇〇萬的首都簡直就是個不夜城。至於人口的增加，「在宋太祖時代全國的戶數有四百十餘萬戶，到了神宗時代已達五千五百萬戶」。宋和外國的貿易，也遠盛於唐代。

就鑄錢事業而言，和唐代比起來，宋代的規模也比較大，相對於唐代的最高記錄一年間可以鑄三十萬貫來說，宋代在神宗之時，一年之間即可以鑄五〇〇萬貫。

衰退期

中國歷史上可以稱為風流才子的第一個文化君主是宋徽宗（自西元一一〇〇年至一一二五年在位），直到西元一一二二年，宋遼兩國的國交都保持著安康的狀態，因為「徽宗本身好像忘了自己是皇帝，該做的事是政治，卻全力投入文雅的生活，仍然能夠維持和平狀態的繼續」。但是「徽宗之時即使有爭奇奪艷的宣和文化，不過對北宋來說其只是侵蝕朝廷宮基的一朵花而已」，另外，宮廷的奢侈及官界的浪費心，造成了無果實的一朵毒花。

西元一一二〇年，因為反對宮廷的徵發（珍花奇石等）及徵稅而有方臘之亂，最盛時有一千萬人起來反抗。在華北一帶而起的宋江之亂，之後被當作「水滸傳」的藍本。

接下來，宋和在東北地方擴大勢力的金結為同盟，要把燕雲十六州從遼手中奪回來，不料卻招致金的入侵，而使得宋吃了大敗仗。首都開封為金兵攻陷，上皇徽宗、皇帝欽宗及以下的皇族、后妃、重臣等三千餘人皆被逮捕，北宋在此時滅亡（即靖康之變，公元一一二六年）。這些被捕的人日後再也沒有回來。

後來欽宗之弟高宗（在位期間為自西元一一二七年起至一一六二年止），把首都移到江南的臨安，而再興宋。在高宗把首都遷到臨安之前的宋朝為北宋，之後稱為南宋。在南宋時期，對於金究竟是應該主戰還是主和，雖然有對立存在，不過最後在西元一一四二年，兩國還是議和。結果宋、金二國以淮河及大散關為界，宋向金稱臣，每年由宋向金贈與銀廿五萬兩，絹廿五萬匹。「宋向金稱臣的例子可以說是中國王朝與其周邊異民族的異例」，對宋來說可說受了相當大的屈辱。宋成為金的屬國，可以說已到了SS的f點。

最後宋朝的政治仍繼續流於黨派之爭，軍事方面依舊不振，ＳＳ的生命力已開始衰退。

不過雖然ＳＳ已經開始產生衰退，其進行卻是相當緩慢的，其理由乃是因為江南豐腴的緣故。南宋和北宋比起來，國土只有北宋的一半，不過因為強化鹽、茶的專賣，江南的開發，使得農業生產有所進步及擴大對外貿易等，使得南宋的經濟狀態比北宋來得鼎盛。以此種經濟力還可以對抗金，同時也能夠負擔對金的鉅額貢物，另外對金的貿易赤字幾乎也都能回復。南宋的首都臨安在當時可以說相當的繁榮，南宋哲學等精神文化皆能開花結果。

繼之而來，進入了文明轉換期的西元一二〇〇年代，成吉思汗在西元一二〇六年將蒙古高原統一。窩闊台在西元一二三四年將金征服，當時宋也受到了攻擊。此後蒙古軍持續攻擊南宋，西元一二七六年，蒙古軍隊逼近臨安，宋端宗（自公元一二七六年在位）出降，西元一二七九年，崖山之戰南宋戰敗而滅亡（g點）。

就後繼秩序來說，宋ＳＳ雖然沒有出現p點，這是因為黨爭，而使得後繼勢力無法發達的緣故。因此宋受到外部蒙古軍的侵略其ＳＳ即為終了。此和希臘ＳＳ中，其因北方的馬奇頓軍隊進攻而進到g點的情形是一樣的。

宋SS的文化

因為徹底的文治主義以及士大夫階級的活躍，宋代的學術思想有顯著的發展。同時因為都市的發達，而產生了文藝及工藝面的庶民文化。其文化型乃屬於雙重（double）SS的後半，而表現出C型及D型的文化。

C型文化

◎文學──散文

唐宋八大家（宋代有六名）

歐陽修　一〇〇七～一〇七二

蘇洵　一〇〇九～一〇六六

蘇軾　一〇三六～一一〇一
蘇轍　一〇三九～一一一二
王安石　一〇二一～一〇八六
曾鞏　一〇一九～一〇八三

◎歷史

司馬光　一〇一九～一〇八六
『資治通鑑』（編年體的中國通史）

D型文化

◎思想——儒學（宋學）

在唐SS，儒學乃以訓詁學做為開始並為結束，到了宋朝有了新的思想體系而去創造努力，亦即從宇宙的本質及萬物的根源去追求。

周敦頤　宋學之祖，著有「太極圖說」

一〇一七～一〇七三

程　顥　理學之創始者

一〇三二～一〇八五

程　頤　主張性即理及理氣二元論

一〇三三～一一〇七

張　載　說明萬物的生成乃由於氣的集散

一〇二二～一〇七七

朱　熹　一一三〇～一二〇〇

朱熹被稱為朱子，乃宋學之集大成者，著有四書集注。

朱熹認為「取代向來支配知識份子之心的佛教，提供了個人安心立命的根據，同時，也確立了天下國家的指導厚理」。

陸九淵　A・D　一一三九～一一九二

陸象山特別強調心即理的一元論，以修養德性為主的唯心論儒學，此對王陽明產生了很大的影響，而與朱子學產生對立。

其他

◎繪畫

院體畫（北宗畫）乃自宮廷的畫院發達而來，可說含有極彩、華麗、寫實的C型文化內容，其代表人物有：

徽　宗　一一〇〇～一一二五在位
馬　遠　南宋十二～十三世紀
夏　珪　南宋？

文人畫（南宗畫）乃產生於士大夫階級，表現在淡彩、幽翠山水畫，而有D型文化的內容，代表人物有：

李公麟　？～一一〇六
米　芾　一〇五一～一一〇七

梁　楷　南宋十二世紀末～十三世紀初

牧　溪　南宋十三～十四世紀

◎發明

火藥（北宋仁宗時，十一世紀前半）

羅盤（北宋徽宗時，十二世紀初）

木版印刷術（自唐代開始至宋代普及）

上述的發明都比歐洲還來得早且實用化，不久就對歐洲文化產生重大影響。因為東CC（Civiligation Circle）期的成果傳到西方CC期的結果，使得二個CC的文明產生興衰文替情形在此可見。

第九章

蒙古帝國及文明轉換期

歷史之謎

成吉思汗建立了有史以來，地球上最大的世界帝國。假如說拿破崙是歐洲的英雄，則亞洲第一英雄非成吉思汗莫屬。

成吉思汗和他統率的蒙古軍隊所持有的爆發性活動力，究竟從何處突然湧現而出，就歷史家而言，一直是一個謎點。

何以蒙古軍隊會有如此遠征歐亞的大行動？從成吉思汗統一蒙古高原後「在短短的二十一、二年間，何以其能征服世界？就歷史上來說，雖然對於成吉思汗個人的能力並沒有過少的評價，不過，如果把成吉思汗當作一個天才，而在這麼短的時間內能夠達成如此的霸業，是不是除此之外應該還有其他的條件呢？」同時為何蒙古帝國在很短的時間內就趨於滅亡，而從歷史的舞台上消失，也令人費解。

對於上述的一連串問題，利用文明法則史學，可以很明快的提出解答，不過這一點我們最後再予以論述，首先就讓我們從成吉思汗和他所率領的蒙古軍隊開始說明。

成吉思汗的登場

蒙古諸部族間的對立，雖然有金的介入而妨礙其統一，不過等到金的勢力一衰退，鐵木真在西元一二〇六年就將蒙古高原予以統一，而被稱為成吉思汗（其在位期間自西元一二〇六年到一二二七）。從西元一二〇〇年開始的文明轉換期（從CC的0點開始的一百年間），成吉思汗便開始登場。成吉思汗據說有「眼如火、面如光」的吉相。他非常英勇，率領蒙古全軍，給予部下目標而產生了霸氣。

由成吉思汗的部下所指揮的蒙古軍隊，在西元一二一八年將位於中亞伊犛地方的乃蠻國消滅，並殺了屈出律國王。西元一二一九年成吉思汗開始西征，一二二〇年將花剌子模國征服，一二二七年征服西夏。而在西元一二二〇年，蒙古軍隊攻陷中亞的大都市布哈拉城時，「蒙古軍隊的士兵，將裝有回教經典可蘭經的裝箱，運到寺院庭園作為馬槽，任由馬蹄將這些經典予以踐踏。士兵還把酒倒入皮囊中帶入寺院，召歌妓放酒高歌，而在這些士兵過著放蕩生活的同時，他們把高僧及法官都當成奴隸，但卻把豐盛的水草給自己的馬吃喝。」

另外蒙古軍隊也在西元一二二一年入侵印度，而使印度文明衰退。

陷入恐怖的歐洲

在成吉思汗死後，由窩闊台即位（一二二九年～一二四一年），於西元一二三四年，拔都（即成吉思汗長子朮赤之子）受窩闊台之命率大軍開始西征。大軍首先攻擊俄羅斯，燒毀莫斯科，並占領基輔。其後大軍再向西進，軍分二路，一路在瓦魯斯坦降服了德國、波蘭的聯合騎兵（一二四一年）。同時另外一路則占領了布達佩斯，此時歐陸諸國整個陷於恐怖。

拔都所率領的軍隊在窩闊台逝世時撤退（一二四三年），如果沒有窩闊台的死，蒙古軍隊的遠征足跡究竟會遠達歐洲的何處？結果是蒙古大軍的任務也只到這裡。也就是，東方文明的ＣＣ（culture circle）也大概從此開始解體。

我們來看看蒙古大軍何以會如此強大的理由。我個人認為由千戶百戶制所形成的命令系統而實施的完美集團戰法是第一個原因。第二，每個士兵都準備了七、八匹馬在交互乘騎，故可發揮戰力。第三，蒙古大軍士兵使用的弓貼上木板，使得弓變得強而有力，射程也拉長了。軍隊的後方帶了許多的家畜，使得糧食不虞匱乏，則是第四個理由。簡單的來說，其強大的原因可以說是把遊牧社會的移動性，成功地變成軍事體制有以致之。

窩闊台之後的汗（一二四六年～一二四八年）和蒙哥汗（一二五一年～一二五九年）期間，以及之後即位之元世祖忽必略，在西元一二五三年征服了大理，於一二五九年降服高麗。同時也借由旭烈兀的遠征西亞（一二五三年至一二五八年），而將伊拉克的阿帕斯王朝滅亡（一二五八年）。

如此一來，蒙古帝國的領域，東由日本海開始，西到南俄羅斯，版圖可謂相當廣大。

蒙古帝國的分裂

成吉思汗支配他所征服廣大地域的方法，乃是將領土分封給他四個兒子朮赤、窩闊台、察合台、托雷。窩闊台汗國（一二二四年）、察合汗國（一二二七年）建立後，成吉思汗逝世，進而在其征服的土地中建立了欽察台汗國（一二四三年）及伊兒汗國（一二五八年）。

由上述成吉思汗將領土分封的方法，即顯示出了四家分裂的傾向，托雷家出身的忽必烈汗（一二六〇年至一二九四年）即位後，有感於各國間的的內部糾紛不斷，而決定自蒙古帝國脫離。蒙古帝國的汗位直到其第三代皇帝之前，都是由窩闊台家系出身，對窩闊台汗國不滿的欽察汗國及察合台汗國結成同盟，擁立窩闊台之孫海都而為抗爭（對此史學家稱為海都之亂，其時間自西元一二六六年至一三〇一年）。在這段期間，忽必略在西元一二七一年把國號改為元，而遷都於大都（北京），在前述的抗爭結束後，蒙古帝國乃分裂為四個汗國及元。

蒙古第一主義

元在西元一二七九年的崖山一戰將南宋滅亡，而確立了其支配中國的地位。做為征服王朝的元帝國，其社會之構成，由約占人口比例的百分之一點五的蒙古人（約有一百萬人）具有最高的社會地位，而獨占了主要的官職。而輔佐蒙古人擔任財政要職的，則是不過只占人口百分之一點五的西亞色目人（總人口約一百萬人）。故由僅占人口總數百分之三的蒙古人及色目人即構成了社會中之支配階級。金人及高麗人，以及金統治下的漢民族，總稱漢人（占總人口數的百分之八十三，約有六千萬人），而南人在社會上的地位只比乞丐高出一階級。

在元的社會之中，漢人及南人不僅不能持有武器，即連集會也都在禁止之列。蒙古人對漢人毆打，漢人也不能報復，若蒙古人將漢人殺害，「則僅將蒙古人充軍或賠償喪葬費五十兩即可得到赦免」。同時「色目人和漢人之間若有訴訟發生，則由色目人同族中的有威望者來舉行審判。」。也正因為如此，漢民族的不滿達到極高，是以在元滅亡之時，蒙古人及色目人所到之處皆有被辱殺之情形。

以極少數的蒙古人對大多數的漢民族為統治的方式，也就是蒙古人第一主義的統治方式，就某種層面來說，「其占領政策對中國人的社會、經濟生活方式並無帶來任何變化」。就農業方面來說，元仍維持前朝大土地所有制及佃戶制，而本來即屬游牧民族的蒙古人並無在中國的農耕社會中定居下來。總而言之，以武力為背景立國的元，必須依靠或寄生在江南富庶的經濟力之下，此乃元的經濟。

元寇

元朝對於東方及南方都有侵略的行動，首先從東方的日本開始。在這裡我把它稱之為元寇。元朝遠征日本的軍隊，是由在忽必略時代成為屬國的高麗徵兵而來。對於元軍的侵犯，日本可說相當幸運，因為奈良、平安之王朝SS在十一世紀中即告終了，代之而起的年輕武家SS鎌倉幕府在一一九二年成立，此時剛好進入a點的興隆期，而來迎戰元軍，取得勝利，相反的，如果是在王朝SS的末期至過渡期來迎戰元軍，日本將可

圖9-1　蒙古帝國和元

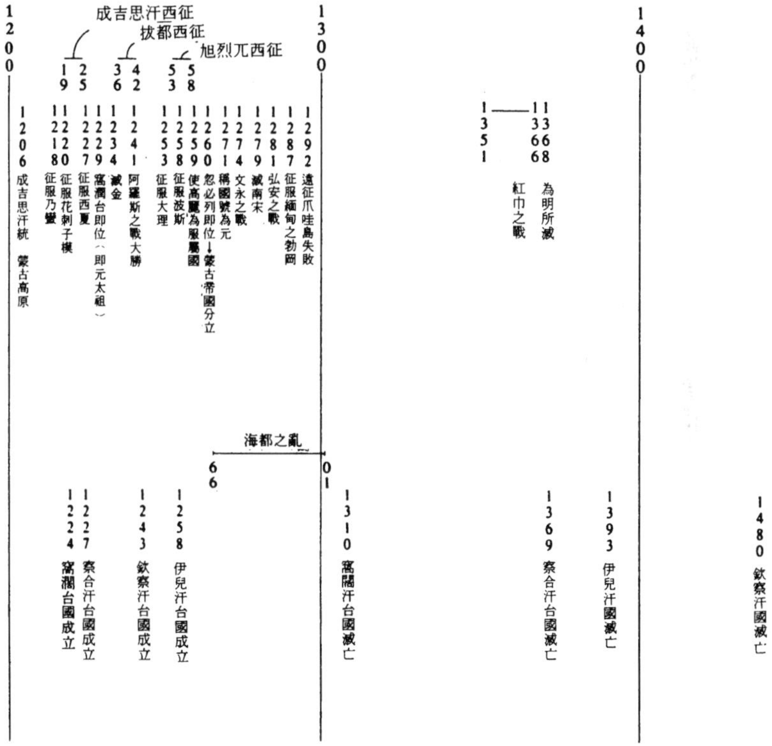
1200
1300
1400
成吉思汗西征
拔都西征
旭烈兀西征
1219 1225
1236 1242
1253 1258
1206 成吉思汗統一蒙古高原
1218 征服乃蠻
1220 征服花剌子模
1227 征服西夏
1229 窩闊台即位（即元太祖）
1234 滅金
1241 阿羅斯之戰大勝
1253 征服大理
1258 征服波斯
1259 使高麗為服屬國
1260 忽必列即位→蒙古帝國分立
1271 稱國號為元
1274 文永之戰
1279 滅南宋
1281 弘安之戰
1287 征服緬甸之勃岡
1292 遠征爪哇島失敗
1351 紅巾之戰
1366 1368 為明所滅
海都之亂
1266 1301
1224 窩闊台國成立
1227 察合汗台國成立
1243 欽察汗台國成立
1258 伊兒汗台國成立
1310 窩闊汗台國滅亡
1369 察合汗台國滅亡
1393 伊兒汗國滅亡
1480 欽察汗國滅亡

能遭受神代以來第一次為他人軍隊占領的情形，結果自然會有所不同。

蒙古自一二六六年以來每年都派遣使節到日本，要求其向蒙古朝貢。對日本的拒絕，元軍在西元一二七四年（文永之役）及一二八一年（弘安之役）二度派兵攻打日本。這二次元軍的行動都被神風（即颱風）所困，對此有謂「將元軍擊退的鐮倉武士，其奮鬥在世界史上為已留名的偉業」。

之後，忽必略並沒有斷了征服日本的念頭，他再建征東行省企圖再次遠征。不過此時，受到苦難迫害的中國人，在中國各地引起動亂。至西元一二八四年，忽必略終於終止了遠征日本的決心。接下來，忽必略雖然把目標移到越南（一二八四年、一二八七年），不過越南人卻將元軍擊退。同時，元軍在西元一二九二年遠征印尼的行動也告失敗。

元的衰亡

元衰亡的原因可以從以下數個原因來加以思考。

第一，元朝皇位繼承的紛爭引起內亂。依照蒙古的傳統，皇帝都是由會議來選出，而正因為如此，誰是皇帝的繼承者並不是很清楚，所以很容易引起糾紛和黨爭。元朝總共有十位皇帝，其中的六人在位不滿十年。

第二，自從喇嘛教得到忽必略的信任以來，帝室及蒙古貴族皆流行信仰，所需的莫大花費便把經濟弄垮了。而喇嘛僧的惡行可說是相當嚴重，諸如將宋朝皇帝的陵寢加以挖掘，而奪取裡面的寶物，濫殺人民，接受他人貢獻美女，盜取金銀財寶，將許多田產及佃戶都收歸己有。對於喇嘛僧此種殘暴的行為，漢人不可出手干

圖9-2　蒙古活動力的盛衰

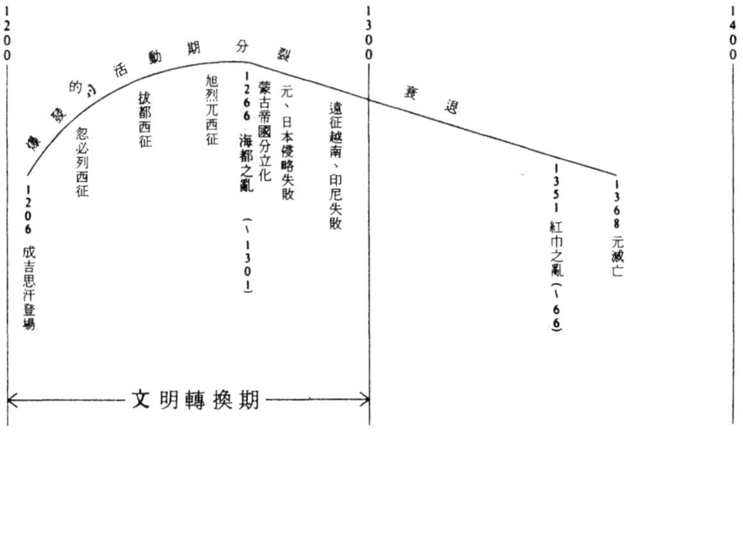

涉，如果對其毆打，手會被砍斷，對喇嘛僧辱罵，舌頭會被剪斷。

第三是經濟政策的失敗。蒙古人對於經濟方面幾乎沒有政策可言，他們只知道從被征服的人民中掠奪財貨。同時，因為蒙古人對財政方面任由色目人魚利自肥，故造成經濟混亂，引起民眾高度的不滿，終於釀成暴動。

其他，在十四世紀中期，接連而來的天災，使得人心不安也是衰亡的原因。「就中國歷史上來看當王朝開始衰退之時也就是天災來臨之時。」「在王朝的衰退期，因為政治惡化，對治水之事便有所疏忽」，備儲的糧食又不足，故即便是只有輕微的洪水，都易出人命。

當人民對政府的不滿達到頂點時，被支配的民眾在各地都展開了暴動。成為動亂的中心，是以有彌勒佛出現之說的白連教信徒所引起的紅巾之亂（自西元一三五一年至一三六六年）。因為江南地方群雄割據，因此依賴江南食糧的元，其根本便產生動搖。在動亂中，朱元璋征服了國都大都，而在西元一三六八年建立了明朝。而蒙古民族即再度回到屬於自己的蒙古高原（而元後來成為北元）。

消滅阿帕斯王朝，征服南宋，入侵印度使印度文明衰退，使日本到中歐整個世界都陷於恐怖的蒙古人，將歷史作了一個大轉變，自此煙消雲散。

至於就其他四個汗國，窩闊台汗國在西元一三一〇年被消滅，而被察合台國所內併。察合台汗國在西元一三二一年東西分裂，而在一三六九年被帖木兒所滅。伊兒汗國也在西元一三九三年被帖木兒所征服，至於欽察汗國則在西元一四〇八年被莫斯科大公國所消滅。

元的文化

蒙古人畢竟是少數派，故元的支配時間也不長。同時，蒙古人因為大西征而接觸了回教文化及基督教文化，因此反而對特別的中國文化並不心醉，是以從元朝開始，一個新創造的中國文化並未出現。從法則史學的立場來看，元乃位在CC的O—P點間的位置，這個時期因為有異質野性民族的大移動，而使文明趨於暗淡。距離文化的創造可說是最遠的時代。

但是在江南的漢人社會仍殘留有南宋的庶民文化，元曲（戲曲）及口語文學（三國志、水滸傳）都相當發達。

由此來看，蒙古人所成立的一個世界性帝國，對於東西文明交流的活潑化具有相當深刻的意義。遠從歐洲到元的旅行者以馬可孛羅最為有名。當他到達臨安時，對於臨安的繁榮相當驚訝，而發出了「人間天堂」的感嘆。

蒙古帝國的法則史學意義

進入本章節，不得不承認文明週期法則性的存在，而必須對其為之驚嘆。

成吉思汗為文明轉換期中的人物，其若不是生於其時，充其量僅有可能做為一個部落的族長，或做為一個叛逆者而被逮捕斬首。

無論如何，成吉思汗的確是一個英雄，他的卓越才能及偉大業績已得到認可。但是由人類的活動來看歷史，我們不能只觀察一個片面的事實。從法則史學的立場來看，文明system以ＳＳ及ＣＣ的形式而存在，它比人類活動更是上位概念，這也是在此時期選擇必要的人類。

在此再介紹村山先生的解說。

「在CC的O—P點間，民族的移動力掃除了舊文明的殘骸，而使歷史為之一新乃為其通例」，「成吉思汗統率的蒙古族對人民所展開徹底殺害的情形，與五世紀的日耳曼諸族的荒涼、悽慘足以匹敵」。「此種民族的歷史性任務，乃是埋葬大文明，區隔文明史，而使歷史及社會為之一新」。

第十章 明SS

明的建國

做為一個紅巾軍部將，而甚為活躍的朱元璋，消滅了實質上將中國當做殖民地支配的元朝，建立明朝。所謂紅巾軍，是以白蓮教教徒為主的秘密性宗教組織叛軍。朱元璋以江南富庶的經濟力，而將各地群雄置於其勢力之下，於西元一三六八年定都於金陵（南京），是為明太祖，年號為洪武（一三六八年至一三九八年）。此乃明SS的a點。

明太祖為強化皇帝的獨裁權，而把宰相廢除，將行政機關直屬於皇帝。在軍隊方面，由皇帝直屬的最高軍事機關（五軍都督府）來統轄。在地方上，布政使掌理行政，都指揮使指揮軍事，按察使職掌監察，這些機關都直屬於中央而由皇帝支配。職是之故，明朝國家機關全部的權力形式上乃被縱向分割，君主獨裁的官僚支配體制，於是確立。繼之，明太祖即著手鞏固國內之基礎。

明朝以其係漢民族而再興中華帝國之故，首先，明太祖禁止人民結辮髮、著胡服、胡姓等蒙古人之風俗及習慣，而把衣冠回復到中國風，繼而以朱子學為官學，並整飭科舉制。

同時明太祖也把被奴隸的農民釋放，對黃河等河道進行治水工程。明太祖也把元末混亂而增加的流民安定下來，將疲弊的農村回復原狀，結果農業的生產大增、人口增加，在社會及經濟方面都急速的復興。形成SSa點後成長的現象。

在農村，由稱為里甲制的自治組織來支配。另外，在財政方面，以魚鱗圖冊作為土地管理的依據，以賦役黃冊來管理戶籍及租稅，都使國家基礎的財政大為穩固。

在國家財政，乃以徹底的自給自足體制為基本，為了抑制商業，無論銀幣或銅幣在民間都禁止使用。如此一來確立了現物主義及勞力主義。

明立國之初於外交方面維持鎖國政策。嚴禁人民的海上交通，和海外的經濟交流完全斷絕。相對於此，「宋元時代的中國，有足以傲人、在當時世界數一數二的造船技術，由二千石的船至五千石可供數百人乘坐的船舶，經常在東南亞水域航行。」。

選擇自給自足制，採行鎖國政策，可說是第一型SS開始的內容，SS的生命力微弱，向長遠發展的力量無法發動。

明太祖的恐怖政治

明太祖的個性異常陰暗、冷酷。即位之後，對於可以說是出身母體的白蓮教，以邪教視之而加以鎮壓，而對於開國功臣則以種種的過失為理由而分批將其整肅。大整肅分數次進行，第一次針對位居丞相之位已有數年之胡惟庸，以其和蒙古及日本通謀，企圖叛亂為理由而將其定罪。因胡惟庸而遭受連座被處死者有一萬五千人。第二次大肅清，其犧牲者的中心為輔佐太祖的文臣李善長，因為其外甥為胡惟庸的女婿，在十年間不斷被人提出控告，最後終被處死。因此事受連座被殺者，最開始僅有李善長的家族七十人，最後則達到三萬人。接著第三次大整肅，乃以征伐蒙古有功的猛將藍玉為中心，包括藍玉家族及連座者共有一萬五千人被殺。明太祖如此殘虐的行為，乃中國歷史四千年來空前絕後，對後世來說不啻留下了陰暗的一面。而當初助太祖創業的功臣，到最後只留下湯和一人。湯和其性格極謹慎，而得以善終。

另外，因為太祖本身是安徽省北部極為窮困的農民出身，故其本身對於過去的貧困相當在意。而也就因為太祖太注意其過去的出身，甚為厭惡其過去有關的文字，臣下如使用相關文字都會被斬首。

明初的官吏如果犯罪，也不進行調查即被押到朝廷，以棍棒處罰，此即所謂的廷杖，因廷杖而死者並不在少數。

因為明太祖此種的統治方式，使得臣子及官吏都產生極大的恐怖心，在中央的官僚每日上朝前，家族都會以水盃與其訣別，傍晚如幸得以歸來，則再與之同慶。

在官廷中雖施行恐怖政治，不過在明朝SS中，人口仍有成長。西元一三八一年，明朝將殘留在雲南的蒙古勢力予以征服而統一中國，至西元一三九三年全國的人口已超過六千萬人。西元一三七三年大明律令公布，可謂是SS成長內容之一部的「憲法制定」。

明成祖永樂帝

明太祖將全國要地分封給諸王子，而構築其王國。此本來是為了防衛中央，不過在太子死後，其孫惠帝即位（一三九八年至一四〇二年），惟其年紀尚為幼小，其擁有華北勢力的叔父（太祖之第四子）燕王起而作亂爭取皇位。對此史學家稱為靖難之變（一三九九年至一四〇二年）。惠帝性格溫和、學問淵博，雖以學識人品俱佳的方孝儒為顧問，助其處理政務，不過其削弱諸王的勢力而增強帝權，衍生了莫大的問題。

燕王即位，即明成祖永樂帝（在位期一四〇二～二四），他清除了反對派、抑制諸王的權力而將帝權擴大。

明成祖是漢人出身帝王中最高級的一位軍人，將其對中國四方的版圖都有所擴張。對北方，他征服蒙古殘有勢力（北元）的塔塔兒部落及瓦喇部落。成祖並且五次親征。成祖於西元一四二一年遷都北京，希望對北方的征討有所助益。在東北方面，成祖也將明的勢力伸展到黑龍江下游及遼東、朝鮮等地。另外在南方，安南、雲南、緬甸等國都臣服於明朝，西方的西藏及尼泊爾也都來朝貢。

成祖在西元一四二一年將國都由南京遷到北京時，為使豐富的南方物資亦能北運，而將舊有的大運河擴張、疏通。大運河可說是充實明朝國力的動脈，而使明朝有對外發展的可能。因此有學者認為成祖擴張南北勢力，有使在東亞的傳統中國王朝恢復之意圖。

鄭和的大遠征

成祖以國際性的視野，命鄭和遠征。鄭和係雲南省昆陽縣回教教徒家庭出身的宦官。鄭和的遠征從第一次西元一四〇五年開始，至一四三三年止共有七次，遠征的船隊包括數十艘的武裝船及二萬數千餘人船員在內的大艦隊。船隊中的船隻都是長一三六呎，寬五五呎，平均每一艘可搭載四四八人以上的大船，而這和以後哥倫布所率領三艘僅載八八名船員的小船，及由達伽瑪率領三艘僅載六十名船員的小船相比，可說相當的懸殊。鄭和遠征的範圍包括從東南亞的爪哇、巴鄰旁、蘇門答臘等東南亞，及印度南端的可倫坡、檳城等地，到波斯灣的荷莫茲海峽、阿拉伯半島的麥加、東非的馬林地等，地都在遠征範圍之內，而由於鄭和的遠征展現了明的國力，明初的海外交通大為開展，使得南海諸國中，對明朝貢的國家為數不少。而這七次大遠征的目的，乃藉由形式上的朝貢而振興了貿易。另外，這幾次遠征的最初動機，在於潛入逃到南海的中國移民間，伺機打聽惠帝的下落。

不過，還有一個歷史上的疑問，沒有得到解答。亦即在當時就巨大的船舶的建造技術，以及航海技術、羅盤的使用，中國都比歐洲進步，何以「在十八世紀，當歐洲諸國決定迎頭趕上之際，中國的造船航海技術卻處於停滯之狀態，其理由究竟何在」？對此，歐美學者雖然有如下之指謫：「歐洲文明對於技術有強烈的關心，而能夠將自然科學的理論予以應用，其科學和技術結為一體，故較為進步，而中國在此方面較為欠缺，不過這在將來仍是一個值得研究的問題」。對上述的問題，可以用文明法則史學的立場予以說明，十五世紀開始中國在造船航海技術方面的進步，乃是宋SS由β期後半的第四型SS期創造出先端技術的餘韻，而從元到明初一直延續下來。但是到了明SS及α期前半的第一型SS，學術及技術的創造力有所缺乏而趨於停滯。另外一方面，歐洲由β期的活力所造出來的船雖然小，不過為了在危險的大海航行，而驅使其科學技術造就出更好的造船技術。此乃鄭和的大遠征，在明史中只是一時出現的理由。

大儒方孝儒的氣量

留下無數精力足跡的明成祖，並沒有免除後世對其非難的失敗。其殘殺方孝儒即是一例。方孝儒（一三五七年至一四〇二年）乃明代第一的儒教學者，輔佐惠帝討伐燕王（成祖），並提供計策。討伐燕王的詔書、勸書以及向軍隊宣達的檄文，都出自方孝儒之手。因惠帝戰敗南京陷落，而遭逮捕。成祖以好言請方孝儒起草即位的詔書及檄文，其原因是如由大儒方孝儒來起草的話，較容易收攬人心，而其以激烈非法方式取得政權才能得到認同。但是，方孝儒始終不肯，反而大書「燕賊簒位」，將筆棄之。雖然在事前有人向成祖忠告：「方孝儒雖然一定會拒絕投降，不過以他的學問來說還是不殺為宜」，不過成祖已怒不可抑，而在廣場將方孝儒的口、耳全部割裂。方孝儒的妻子也因而自殺，受連坐而遭殺害者包括方孝儒的族人、朋友及門生約有八七三人。在明成祖時代，持有方孝儒文章者都會被處死刑。而此種做法便引起了有氣節的知識份子的反感，而使明王朝的政治遠離了德治主義。成祖應該有更大的雅量。

其他方面，明成祖為取締宗教及思想方面的反對派，而由直屬皇帝的特務機關——錦衣衛來執行此項工作，而由於過度信賴宦官，使得明朝的政治變成以宦官政治為基本，呈現一片黑暗。

明SS時期如由CC來看，僅就武力方面來說是黑暗時期，而造成此種結果則是由前述的諸多事實所引起的。

無論如何，由太祖到成祖這一段時間，奠定了明SS的基礎（a－b間）。

仁宣之治

成祖之後的仁宗（一四二四年至一四二五年），即位後的西元一四二五年左右，正是SS成長加速點b點。仁宗對成祖的積極外交政策，做了修正並企圖重整政治，不過他治世第十個月時就病死了。

仁宗之後由明察果斷的宣宗即位（一四二五年至一四三五年），宣宗在平定了漢王高煦之亂後，便抑制諸王的勢力，而強化絕對的帝政，對外國採取不作無謂干涉之消極政策，如承認安南的獨立等。被稱為三楊的楊士奇、楊榮、楊溥乃屬大功的輔佐名臣，而出現了治績輝煌的太平時代。

在內外承平期間的宣宗，其學識相當淵博，於詩文繪畫領域亦相當優秀，可說是優秀的英主，成為推動文明開花的曙光，而且，「極有孝心的宣宗，經常伴其母於掃墓途中，觀察農夫之耕作，或向其借鋤親自體驗，而感嘆其辛勞。」

仁宗及宣宗二帝在位的治世雖然很短，不過因為官廷政治上軌道，而使得宦官勢力在此時並不顯著，故在史學上稱為仁宣之治，為一太平時代。

土木之變

成祖永樂帝過世之後，西蒙古的瓦喇部勢力崛起。西元一四四九年，族長也先率領大軍入侵。當時的皇帝為英宗（一四三五年至一四四九年，其後在一四五七年復位直到一四六四年退位），在臣子的反對下仍率領五十萬大軍親征，不過卻在北京西北的土木堡大敗而被俘虜，在史學上被評價為最愚行為的土木堡之變。而造成土木堡之變的背景，乃王振掌握相當於現今秘密警察錦衣衛，對於北邊的防衛任其鬆弛。王振因怕自己的鄉里為也先侵入，而力主英宗應該親征。後來王振戰死，家財被沒收。也先雖然逼近到北京，不過明朝立英宗之弟代宗（一四四九年至一四五三年在位）為皇帝，而死守國都。

隔年，明朝向也先繳納贈金而將英宗贖回。西元一四五七年，英宗在宦官的幫助下復位，因此強化了宦官的勢力，在此種情況下，要做何種官職都要依其賄賂宦官的金額來決定。

英宗之後由憲宗即位（一四六四年至一四八七年），其過分信仰道教及儒教，且又因為具有淫蕩的性格及口吃的緣故，故憲宗不勤於政治，君臣之間又有隔閡，而使得宦官的勢力大增。職是之故，憲宗時代，明朝對外雖然沒有大患，不過卻及不上仁宣二帝的太平時代。

明SSb到c間的成長

就一般史學，明太祖的建國乃屬於發展期，成祖時代乃為全盛期，甚後則漸衰退。不過就實際上，明朝的對外關係在成祖時代最為輝煌。其死後明朝的對外關係即改消極政策，土木堡之變後，明朝對蒙古的政策乃是構築萬里長城，以做為作戰的整備。現存的長城，即為斯時所增建。而就明朝皇帝的能力加以觀察，太祖及成祖可說是最優秀，其後雖然出現了宣宗般的英主，不過其後之君主則以昏庸者屬多，而且宦官相當的跋扈。在成祖死後，何時方為SS成長期的代表?應該是孝宗即位的西元一四八七年左右是SS成長期的代表。

從文明法則史學的立場，不得不稍做緩和之處，乃明SS是第一型SS一事，因為如果其為β期之SS，則於b點到c點間應該有一個大的成長期，但是在第一型的明SS中，因為不具有此等精力，故僅至b點就停滯了。另外一點，則是明朝皇帝的權力及宮廷政治的盛衰，使得明SS全體的體力及生命力消失殆盡。雖說皇帝及宮廷勢力，與

SS的支配階層並不相違背，但有一點是絕不能忽略的，也就是作為SS實質基礎的國民成長。

事實上，明SS從b點到c點間，其國力相當充實，社會也很平和，國民文化水準向上提昇。宦官王振強權的行使乃是針對士大夫官僚階層，而並不波及於農民及庶民。如果這在SS的e點以後，直接受害的是國民。另外，在永樂帝之時將科舉簡便化的結果，使得各階層的人民無論在多偏遠的地方都可以參加考試，而使門戶大開。而宣宗更將全國各種人材集中，在中央予以公平化的考試，這也使得明政府的基盤力在廣大的人民之中。而也顯現出人民和SS一起成長的型態。

村山先生就SS的b點到c點間，謂此時期人口激增、國力增強、而如將默默增強的人民予以遺忘的話，所有的SS則無法解釋。

孝宗的善政

西元一四八七年，名君孝宗即位（一四八七年至一五〇五年）。明SS在此時達到了c點。於此時作為第一型的SS，與其說進入全盛期，不如說其所表現出的是一個維持期或成熟期會較為適當。

孝宗是憲宗及猺族出身的宮女所生。而完全操縱憲宗意識的萬貴妃，對於其他王妃的妊娠不是命令其墮胎，就是在小孩出生後將其殺害，孝宗在收容生病宮女及女囚的收容處中出生。是由宦官親手餵養大的，在六歲以前其存在並不為人所知。之所以如此，乃為確保憲宗的後嗣。在此逆境長大的孝宗，之所以會成為一位英明的皇帝，乃是當初忠心的老宦官傳授他帝王學之故。

孝宗治理政事之原理原則，採用丘濬所寫的「大學衍義補」一書。這本書是關於以治國平天下為重點的帝王學書籍。孝宗具體的政績整理鹽法、為提高人民的福祉而充實預備穀倉，編纂「問刑條例」、「大明會典」以正法制、嚴格的整肅宦官及僧道的綱紀。而就外政而言，孝宗為防止在明代中興蒙古一族的達延汗入侵北邊，大興防禦之事。因此，孝宗時代人材輩出，其所用之人皆為名臣，朝野一片繁榮，後世以明朝中興英主稱之。

明SS的熟爛期

孝宗在死前雖將後半世託於閣臣，不過其後即位的武宗（一五〇五年至一五二一年），受到宦官劉瑾的引誘而放縱淫樂，而不顧政事，成為一位昏君。舉例來說，武宗曾裝扮為商人從事買賣，因信奉喇嘛教，而設計了豹房，以掠奪美人供歡樂，為嚮往勇武的軍人，派令自己接將軍一職。其異於常人的奇行，使其一心一意想逃離皇帝這個艱苦的帝位。

而在皇帝過著混亂生活的同時，劉瑾及奸臣江彬等則掌握權力實施暴政。為此，安化王及寧王起而作亂，因各地混亂而連年飢餓。

後來劉瑾被整肅時，被沒收的財產簡直是一個天文數字，大約等於十年以上國家歲入。以這種型態表現出SS的c點到d點之間的豐盛，真是令人為之氣結。

武宗在三十歲青年即死於豹房，因無子嗣，便迎孝宗次弟之長子即帝位，是為世宗（一五二一年至一五六六年）。世宗即位之初，熱中於政事，而欲將前代弊害一掃以盡。所謂前代的弊害乃是將武宗的淫樂生活型態予以整頓，而此乃以宰相楊廷和為中心予以實行。

但是後來世宗與楊廷和間起了衝突，君臣相爭的時期約有四年。失去一掃前弊初志的世宗，在西元一五四一年以後，遷至萬壽宮居住，而不接見群臣，並對道教產生瘋狂的信仰。楊廷和等正直派的官僚大受壓迫，而得到皇帝寵信的大學士嚴高、嚴世蕃父子在二十年間卻大行極端的賄賂政治。這也使得已經整頓好的綱紀隨之頹廢，士氣低落。

此時在北方韃靼部落首領俺答汗展現了強大的勢力，從西元一五三〇年到一五七〇年間，每年都入侵明的北方。西元一五五〇年俺答並且將北京包圍。俺答雖無攻陷北京的意思，不過其對北京城外展開略奪而向西進，從此明SS乃進入震撼的d點。

另外，倭寇在世宗時代又再度活潑起來，並以江蘇、浙江為中心，而向沿岸各地襲擊。此一時期的倭寇和從元末到明初的倭寇不同，此一時期加入了很多中國境內的流民。此時明朝，北有胡虜，南有倭寇，可說陷入一個艱難的時代。

另一方面，世宗時期文學及藝術方面的天才輩出，出現明代文物最成熟期。

明SS的成熟期約在世宗在位的四十五年，稱為嘉靖的年代，其乃以SS的c點到

e點之維持力作為背景。

嘉靖末年，陽明學派學者徐階為宰相，用以彌補世宗的無能。其後穆宗（一五六六年至一五七二年）亦援用徐階、海瑞以清除前期的積弊。而在徐階失勢後，掌握權力的高拱，在西元一五七一與俺答議和，而在大同開立馬市，蒙古人亦因此而獲得茶馬交易的利益，明朝北方外患的威脅才因此而消除。

在另一方面，明政府也對倭寇展開討伐，西元一五六七年並許可人民從事海外航運及貿易，幾乎解決了倭寇。

王守仁和陽明哲學

王守仁（一四七二年至一五二八年，號陽明，通常以王陽明稱之較為大眾所熟知）。王陽明活躍於明SS的c點到d點期間，反賊及寧王宸濠之亂及廣西的猺族之亂，以身為一個文臣，而在明代之武功可稱為第一，王陽明並被封為伯爵。

王陽明雖學朱熹之學，不過，為了成為出世的學問，王陽明打破形式化的朱子哲學，而將宋代陸九淵（象山）的學說廣為發展，開創了屬於自己的陽明哲學。

王陽明的學說以明德、親民、止於至善之「大學」作為大會學，展開「萬物一體」論。將他人的痛視為自己的痛，把國家當做自己的家來操心，將天地萬物皆視為一體，而建立起陽明學說的世界觀。而任何一個人都具有意識的能力，此即所謂的「良知」，而立志實行良知即所謂「致良知」。

同時，他也強調，知識和行動係不能分離的「知行合一」，以及在現實社會中鍛鍊的「事上磨練」說，就其行動而言，其中具有強烈的革命性危險思想。在日本，被稱為近江聖人的中江藤樹首倡王陽明的學說，被當作反體制思想而受到江戶幕府的鎮壓。之後，大鹽平八郎、吉田松隆、西鄉隆盛、乃木希典以及三島由紀夫都繼承了此種行動原理。

就本質上來說，如果大家都為他人及為社會而活，則人人應都具有人類愛及平等觀。因此王陽明認為所有事物的成就及成功，基本上都在「志」，「若立志做一件事，天下便沒有不能成功的事，王陽明相當強調立志的必要。

即使是在文化創造力缺乏的第一型ＳＳ中，尚能自由地發展成功陽明哲學，應歸因於中國傳統文化厚實的基礎。同時因為它是在c點到d點間的哲學，故並不具有逃避及否定現實的性格，反而是積極向前的內容。從而，如加以分類，其雖是哲學，但作為SS的文化型，卻表現出c型的精神。

神宗萬曆皇帝

明穆宗在位的六年間，並未能將積弊一舉改革。其後由神宗即位（一五七二年至一六二〇年），他在十歲即位，而由具有靈活手腕的政治家張居正任宰相，以輔佐神宗。張居正將全國的冗官加以整理，實施全國性的土地丈量，而使課稅對象的農地大為增加，從而將財政再建。另外，其將以銀為本位的貨幣經濟，將稅收予以銀納化（一條鞭法）。

張居正能稱為是日暮西山之明帝之中興救世主，不過事實上真的是如此嗎？如果依村山先生的分析，在神宗即位的西元一五七二年左右即為明SS的e點，之後即為明SS的衰退期。如果說張居正的改革在衰退期可算是成功，則將會與「於e點以後的改革反而會加速SS的解體」之常理相矛盾。針對如此的質疑，村山先說明如下：

張居正的改革雖然成功，不過即使在e點到g點間，政治的成功都是存在的。問題的重點在於其改革的成功，並沒有防止時代的衰老，反而還使時代邁入了老年。此種情形只是年齡的增加，並沒有達成防止加速老化的任務。」

如果從張居正改革的成功並沒有防止時代的衰老觀點來看，可以說村山先生是正確。例如，其將私學（即書院）關閉，鎮壓民間言論，而於民間引起巨大反彈，使其改革受挫，開始了神宗的放漫政治。「皇上隱居於深宮，就國政不負任何責任，官僚流於派閥之爭，而政爭也成為家常便飯。政治成一片空白。而這也使得整帝國的基礎開始腐化，帝國顯現在外的威容，就好比是建立在砂上的樓閣一般。」

也就是說，自徐階及高拱以來的改革，以至張居正所放出來的光彩，也只不過是晚霞般的餘輝而已。

因此，到e點為止，在宮廷及中央政府之中乃演變成官僚及宦官之爭，也就是有宦官之亂及官僚的派閥鬥爭，而在e點一過，「反宦官的活動，由在野官僚及士人階層更進一步，一般民眾也加入，而成了一般社會風氣。」。易言之，在明SS的e點以前，中央政府內部雖有紛亂產生，但就國家全體而言，仍有維持力。不過在e點之後，中央政府內部的紛亂，形成明ＳＳ解體的直接連動。農民反亂使人民動搖，且自神宗以來特別激烈。

神宗晚年因為發生了號稱萬曆三大戰役的戰亂，而使軍事費用大增，進而造成財政的極度惡化。反對重稅的農民不分地域起而反抗，也因為重稅及外戰之故，加速了社會的衰退。而所謂的三大戰役，乃指神宗為了蒙古傭兵之亂、豐臣秀吉入侵朝鮮、貴州省播州土酋楊應龍之亂而三次出兵。而對於豐臣秀吉的入侵朝鮮，神宗係以宗主國的立場，應朝鮮之請而為救援。

儘管國庫已經匱乏，吝嗇的神宗卻無論如何也不肯就其所私藏的錢，提出一分一文。因為國家的處境艱難，所以他對農民課以重稅。另外一方面，外國銀的流入，使經濟市場一律以銀錢進出，而因大商人的進入，造成了通貨膨脹。對此於清ＳＳ時再為分析。

明SS的滅亡

神宗死後，雖然由光宗即位，不過因為喝了春藥使身體虛弱，在位僅一個月時間就過世了。斯時明SS到了f點。

之後由熹宗繼位（一六二〇年至一六二七年），宦官魏忠賢掌握大權，而實行恐怖政治。而受到魏忠賢鎖壓的是正義派官僚集團的東林黨。東林黨其黨名乃由在神宗萬曆時代，因立太子問題與神宗對立，其後辭官的顧憲成，以正義派士大夫之名建立了東林書院而來。東林黨是反宦官派之中心，故魏忠賢乃將書院破壞，並禁止其講學。與東林黨有關係的數百人皆被逮捕，主要份子並被處死。因為所有的權力都集中在魏忠賢身上，故所有人對其都極盡諂媚之能事。例如，魏忠賢一邁開步伐，士大夫多會高呼其「九千歲」。只比萬歲的天子少一千歲。很快的，出現了對其肖像為跪拜的人，即使在宮中，他的肖像也和孔子像並列，最後也出現皇帝向臣下肖像為三跪九叩的情形。

明朝最後一任皇帝為毅宗（一六二七年至一六四四年），其將魏忠賢排除，而啟用名臣徐光啟改革諸般政事，不過「從神宗到魏忠賢近世紀以來的亂政，已使明朝離崩潰前一寸。」。徐光啟死後，並沒有一個像樣的人物出現，因為飢荒，各地區的農民都起而作亂，而使明朝陷入了分裂狀態。在各地的反亂中，以從陝西舉兵的李自成最為有力，西元一六四四年李自成的軍隊迫近北京，勤王之師未能集結，終使毅宗逃往煤山而自殺。到此，明ＳＳ二七七年的生涯到了g點。

雖然明朝被滅亡，但在各地都有明朝王族及遺臣起而為復明運動，其中最為有名的是鄭成功。鄭成功在台灣及大陸沿岸一帶擴張勢力，而成為該地域的支配者，他是生於平戶的日本人。鄭成功協助明王族唐王，在其父鄭芝龍對清投降後，奉永明王而與清軍繼續奮戰。因其從事貿易活動而有資金，一度還曾占領南京。後來鄭成功將荷蘭人自台灣驅逐，以其為據點，至其孫都嘗試反攻大陸。雖然其與英國東印度公司貿易，企圖占領呂宋島，不過最後還是在西元一六八三年降於清朝。

明SS文化

明SS乃第一型的SS，故其文化創造力呈現出一般的低調，不過經世實用之學卻頗為發達。因為政府規定儒學作為經典解釋的標準，相當形式化，除了陽明哲學以外，學問發展之道頗為閉塞。

在明SS的a點到b點之間，為了鞏固政治的基礎，除了國家性的大編纂事業以外，在文化方面可說沒有一點進展。明太祖以儒教主義為基本，公布了六條教訓之「六諭」，此亦反映了SS之少年型的社會心理。其後的明成祖雖編纂了「四書大全」、「五經大全」、「性理大全」等書作為考試的基準，不過這也使得思想、學問都變得呆滯起來。另外收集了古今文獻，並將其分類為二萬二八七七卷的「永樂大典」乃是由成祖下令編成的。

科舉應試時所書之文體，政府也有詳細的規定，於本文方面一定要有八個章節，此即所謂的八股文，這在b點以後更是被廣為使用，不過為了拘泥於八股文體的修得，而

圖10 明SS

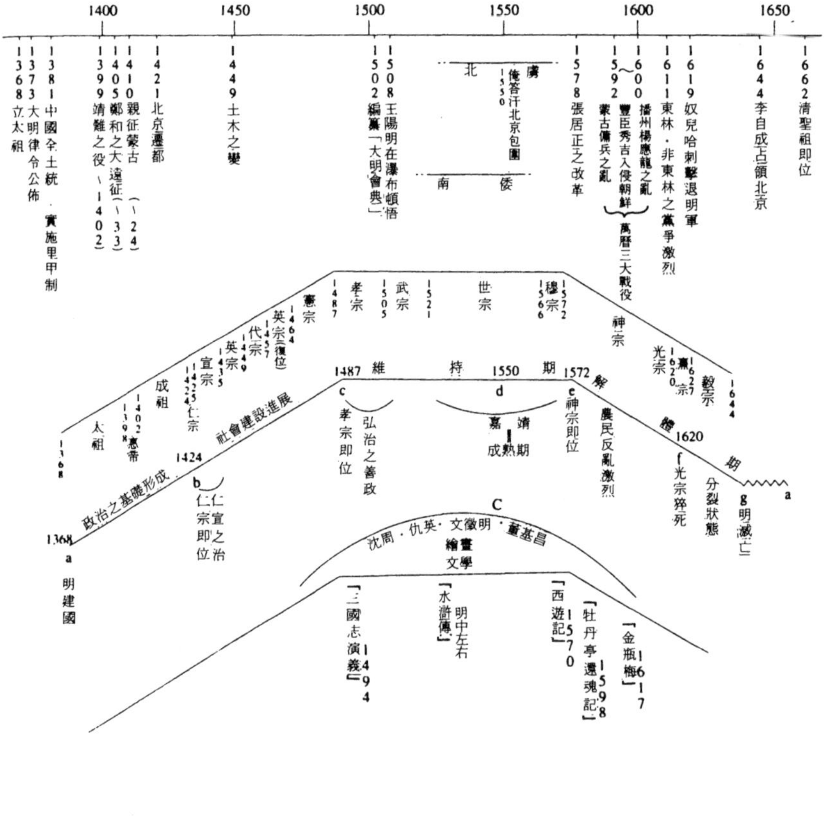
1400
1450
1500
1550
1600
1650
1368立太祖
1373大明律令公佈
1381中國全土統一．實施里甲制
1399靖難之役（～1402）
1405鄭和之大遠征（～1433）
1410親征蒙古（～1424）
1421北京遷都
1449土木之變
1502編纂「大明會典」
1508王陽明在瀧布頓悟
北虜
俺答汗北京包圍
1550
南倭
1578張居正之改革
1592～1600
蒙古傭兵之亂
豐臣秀吉入侵朝鮮
播州楊應龍之亂
萬曆三大戰役
1611東林．非東林之黨爭激烈
1619奴兒哈刺擊退明軍
1644李自成占領北京
1662清聖祖即位
1368
太祖
1398
惠帝
1402
成祖
1424
1425
仁宗
宣宗
1435
英宗
1449
代宗
1457
英宗（復位）
1464
憲宗
1487
孝宗
1505
武宗
1521
世宗
1566
穆宗
1572
神宗
1620
光宗
熹宗
1627
毅宗
1644
1368
a
明建國
政治之基礎形成
1424
b
仁宗即位
仁宣之治
社會建設進展
1487
維持
1550
期
1572
c
孝宗即位
弘治之善政
d
嘉靖成熟期
e
神宗即位
解體
1620
期
農民反亂激烈
f
光宗猝死
分裂狀態
g
明滅亡
a
C
沈周．仇英．文徵明．董基昌
繪畫
文學
「三國志演義」1494
「水滸傳」明中左右
「西遊記」1570
「牡丹亭還魂記」1598
「金瓶梅」1617

忽略了基本學問的研究，如此一來，人民的敎養也被扭曲了（註十－二七）。

在文化型方面，也明顯的出現C型文化，隨著庶民階級的成長，文學及繪畫也伴隨著發展。就小說方面來說，「三國演義」（一四九四）、「水滸傳」（明中葉）、「西遊記」（一五七〇）、「金瓶梅」（一六一七）等書都相當著名，而在戲曲方面則有「牡丹亭還魂記」（一五九八）。明末的短篇小說「古今奇觀」於清代相當流行。

在繪畫方面有屬於院體畫系北宗畫的仇英（？）所繪之美人畫，及屬於文人畫系南宋畫有沈周（一四二七～一五〇九）、文徵明（一四七〇～一五五九）、董其昌（一五五五～一六三六）等人。

屬於第一型SS的明朝，其表現出C型文化，其所依靠的是中國基層文化的力量。而其D型文化期，出現了受陽明學派影響的自由思想家李贄（一五二七～一六〇二），以及反對陽明學派的主觀主義傾向，而著重於實證的黃宗羲（一六一〇～九五）、顧炎武（一六一三到八二）等學者。

第十一章　清ＳＳ

清ＳＳ的ａ點

清雖然為通古斯之女真族（即興建清朝之滿洲民族），不過其乃自漢民族以來，第一個能將蒙古、西藏及回教徒等民族完全統率而建國的異民族王朝。建州部女真族的酋長努爾哈赤將東北地方統一後，在西元一六一六年建立後金國。其子皇太極將內蒙古及朝鮮征服，將渠等歸為屬國，而在西元一六三六年改國號為清。清第三代的皇帝為清世祖順治，將明朝滅亡，再攻破李自成的軍隊，進入北京，並定都於斯，時為西元一六四四年。

明的王族及遺臣雖在華南及江南進行反清復明的運動，不過廣東的桂王及福建的唐王，其軍隊卻在清軍陣前因派系之爭而起了衝突。西元一六六一年，清將逃到緬甸的永明王予以滅亡，自此，中國再度遭受到自元以來受北方異民族統治、支配的命運，而清帝國亦係自斯時起對中國展開實質的統治。而這也是清ＳＳ的ａ點。西元一六六一年，亦為八歲的康熙帝即位之年。

懷柔政策及高壓政策

「滿州民族以被推定可能僅有三十萬人的數目，要對西元一七一〇年時有二億三千三百一十二萬人之漢民族進行統治可說相當的困難。」。為此清帝國乃巧妙的運用懷柔政策及高壓政策而來統治中國。

所謂的懷柔政策，乃指清在西元一六四四年入關後，就官僚制而言並不改變明的支配體制，而全盤加以繼承。而且清民入關前，在滿州就和在當地的漢人展開交流，而為了支配明朝的降將，事前對中國的情報即多所掌握。而雖然明末的大儒黃宗義及顧炎武不肯屈服於清朝，不過清朝為將學者及知識分子收為己用，即獎勵儒教並勵行科舉。此舉亦得到能培養科舉合格者之地主階層之支持。而在中央政府的要職，清政府亦將滿人及漢人併用，而達成滿漢同數。其他各方面，清朝可以說繼受了明朝的各種制度，故SS在短時間內即相當興隆，而這也是清SSa點到c點間只有七十五年短暫期間的理由。

清朝的高壓政策最有名的案例乃辮髮令，西元一六四五年，清順治帝下了一道嚴厲的命令，要所有人民在十天內結成辮髮，有抵抗者便予以斬首，並將其首級掛於竿上示眾。金及元支配中國時，在曲阜一帶孔子的子孫都還准許穿著儒服，到了清朝，渠等也必須結辮髮，而無例外。

同時清政府為取締漢人反清、排滿的思想，而大興「文字獄」並下達禁書令。此種文字獄在雍正、乾隆時代最為激烈，即使只是對清朝有些許的批評，亦必須處以極刑。

康熙帝

康熙（在位期間自西元一六六一年至一七二二年）、雍正（在位期間自西元一七二二年至一七三五年止）及乾隆（自西元一七三五年至一七九五年止在位）等三位皇帝在位的時候，可說是清朝的黃金時代，斯時清朝的國威壯盛、國庫充實、學術鼎盛，可說是太平盛世。而在這三代之中，康熙將中國統一，至雍正時奠定了清朝的基礎，而乾隆皇帝在其父祖輩構築的基礎上，創造出了c點到e點之間的光輝。

有謂「康熙皇帝文武兼備，可以拉開集十五人之力方能拉開的弓，在其一生中共射下了一三五頭老虎，各五十頭的熊及豹，九十六頭的狼。在其在位的六十一年間，不煙亦不酒，即使在打仗的陣中，一天也要批三百份以上的奏章，且對於朱子學的真摯，曾唸書唸到吐血。」。對於這樣一位在政治、軍事方面皆很卓越，對學問又熱心、有教養的開明君主，無怪乎有人將其稱為中國歷史上最高明的政治家了。

西元一六七三年，發生三藩之亂，清朝對於中國的統治陷入危機。清朝原本將平定中國有大功的明朝三個降將吳三桂、尚可喜及耿繼茂分別策封於雲南、廣東、福建。此三人在各地有如獨立國的大勢力，但是對於皇帝的權力又有抑制，最後因其反抗而引起大亂。三藩的叛亂雖然擴大到中國北方，不過經過九年的時間，在西元一六八一年康熙帝即將其平定，至此在形式上及實質上才確定了清朝對中國支配的地位。康熙皇帝在平定三藩之亂後便向台灣進軍，將鄭成功之孫所率領的軍隊給消滅，而在西元一六八三年將台灣納為中國的領土。

值此ＳＳ的興隆期，俄羅斯採取了向東方進攻的膨脹政策。俄羅斯趁滿州族南遷而使滿州地方出現空虛之際，沿著黑龍江南侵。康熙為此派兵出戰，以優勢的兵力，在西元一六八九年和俄國簽訂了尼布楚條約，決定了國境的範圍。而清朝將俄羅斯自黑龍江流域排除，正展示了清朝的實力。

康熙其他的事蹟還有，在西元一六九六年平定外蒙古、一七二〇年將西藏納為中國版圖。

雍正帝

康熙帝在晚年因為精力衰竭的緣故，使得政治及財政都出現了散漫的情形。接下來的雍正皇帝對於政治加以緊縮，並整肅綱紀。他貫徹節約主義，對於離宮的營造全部停止，而使得國庫慢慢的回復。日常生活相當規律的雍正皇帝「在位十三年間，每日自早上四時至午夜十二時皆不離政務，而研讀來自地方官的報告書，批完公事後將這些報告還給地方官。他使用的紙也以便箋和廢紙屬多，即使和臣下一起吃飯，碗裡的米一粒也不會剩。」。

雍正帝的治世期間，其對外的事功，尚有在西元一七二四年將青海納為領土，與俄羅斯在西元一七二七年締結恰克圖條約，而使外蒙才成為中國的領土。

「雍正帝的治世雖然比較短，不過清朝的基礎卻是在此時奠定」，而清SS的c點也就是在此時構築起來。

乾隆帝

西元一七三五年乾隆皇帝即位（c點）。乾隆皇的度量與其祖父康熙比起來可說不及，就對政務的細心及努力而言，亦遠遜於其父雍正。但是乾隆承受前二代的蔭德，在SS的c點到e點之間，其國家財政比其父祖時代都要來得豐餘。乾隆十次向外出征皆獲得勝利，西元一七五八年將天山以北的準噶爾部落消滅，隔年征服塔里木盆地的回部，而建立了清朝最大的疆域。資質聰明又博學尚文的乾隆，可以說天生是做皇帝的料。

從康熙、雍正、乾隆開始，清朝英明的君主相當多，不適合之君主可以說沒有。而此乃皇帝並不早早指定皇太子，而使其有時間可以慢慢的選任最適任者。雍正對於繼承其帝位者，便將親筆指定之書函裝箱密封，且規定死後方能開箱。依此種密建法，乾隆雀屏中選而得繼任帝位。而亦因此種方法，可以緩和日後因為爭奪帝位而產生的混亂。在清朝，由長子來繼承帝位者，可說一個也沒有。

c至e間的繁榮

康熙、雍正、乾隆二代統治的時間約有一三〇年，在此期間，帝國的領土擴張，統治異民族並且維持了長期的和平，農民生活亦尚安定。因此國庫豐餘起來。

另外一方面，因為貿易收入亦產生鉅額的出超。斯時西洋諸國對於中國的絹匹、茶及陶器有很大的需求，因此清政府乃將上述產品大量輸出。而因為清朝盛時，整個中國都可以自給自足，故沒有需要從西洋等國輸入物產。故當時交易的銀元都回到中國人手上，而產生了出超。而清朝對外征伐的費用，差不多也都是從國庫的出超款項來支出。

西元一七五七年，清朝猶行鎖國體制，對於外國的貿易，僅限於廣東一個港口為之。而對於諸如關稅的徵收等貿易上的事務，完全皆委由稱為商行的特許商人為之。在廣東一地商行就有十三家，在當時一般稱之為廣東十三行，在經濟界享有很大的影響力。

除了關稅之外，土地稅及鹽稅也是國庫的主要財源。所謂的土地稅乃指在雍正時將人頭稅予以廢止，對於稅的徵收一律以土地為課徵對象的稅制。在此之前，清政府在西元一七一一年進行人口普查，在此之後凡增加出來的人口皆免繳人頭稅，接下來就實施土地稅了。而因為家族人口的增加，並不用再被課徵新稅，所以當時人口增加的速度相當驚人。另外清朝的產業也相當發達，乾隆在位的最盛時期，國庫可以說相當的豐餘。從康熙到乾隆間共徵收了八次的田賦，其中更有四次對於南方八省應徵收的納米全部予以免除，可說相當不簡單。

清朝的衰退

就如同月亮在滿月之後即會慢慢的隱晦，清ＳＳ接近ｅ點時，隱約可見其已在走下坡。正如同盛夏之末就可以感受到秋的氣息一般。乾隆晚年，清ＳＳ顯現出走下坡的情形出現了。

因為國家長期的太平，所以使得政府的綱紀鬆弛，高級官僚利用其地位斂財，而對下級的公務員進行中間壓榨。有一個例子可以說明高級官員斂財的情形，乾隆的寵臣和坤，其係滿人貴族，竟然累積了當時國家財政十年的財富。而官僚斂財、壓榨的受害者乃中小地主和農民，課以重稅的結果，使得農民的生活變得窮困。另外這些貪官汚吏也憑著雄厚的資本來放高利貸，而進行土地的兼併，如此一來，因為人口的增加而使得耕地不足，流民便開始增加了。西元一七九五年，乾隆皇退位，這時清ＳＳ的ｅ點終於到來，清朝的威容已不復可見。在西元一七九六年即位的乾隆之子，嘉慶君其學識雖然俱佳，不過滿州民族因為受到漢族文化的同化，其民族自覺及活力都已喪失，為清朝軍隊核心的八旗兵於實戰時派不上用場，而在財政窮困的情形下，清朝的情形已無法好轉了。

在前述的背景之下，和以前的各個朝代一樣，此時農民的叛亂及宗教方面的動亂都接踵而至。在乾隆皇退位的西元一七九五年，於湖南貴州一地有苗賊之亂，在嘉慶即位的西元一七九六年，有波及湖北河南等五省之白蓮教之亂。白蓮之亂歷經九年的時間才全部平定，不過實際上平定這場動亂的，乃是保衛鄉里為其任務的漢民族組織：鄉勇，清軍實際上並沒有功勞。而有功於白蓮教之亂的平定，也提高了漢民族的自信，此在後述的p點時，即連鎮壓太平天國之亂者亦為鄉勇，而此也造成了後來軍閥的成長。

繼之而來的有：在華北一帶為白蓮教一派的天理教之亂，江南一帶以農民為主的捻亂（西元一八五〇年至一八六八年），再來於華南一帶有太平天國之亂（西元一八五一年至一八六四年），新疆也有回亂發生（西元一八六四年至一八七八年）。

鴉片戰爭敗北及SS的f點

衰退中的清朝不只有內亂，還有外患。所謂鴉片戰爭，使清朝國本產生重大動搖，此實為英國的武力干涉。

十九世紀以來，英國相當流行飲茶，因為大量輸入中國茶的緣故，大把大把的銀子乃流向中國。為打開此種單方面的貿易，英國便想由東印度公司將印度所生產的鴉片秘密輸入到中國。此時正逢SS的衰退期，社會相當的不安，連帶使得吸食鴉片的風氣流行起來，因此銀子反而從中國逆流回英國。

鴉片不僅對國民的健康有害，使國民道德低落，同時因為銀兩的流出，使得銀價高漲，故地主和農民要以銀兩繳納土地稅，便變得相當痛苦。清朝眼見鴉片危害大，屢次下令禁止人民吸食，但卻沒什麼效果，為了解決問題，清廷便派林則徐為欽差大臣到廣州。林則徐到了廣州之後，採取了對秘密輸入鴉片業者處刑，把英國商人的鴉片沒收、燒毀等強硬手段。對此，英國政府應英商的請求而派兵前來中國。此即所謂的鴉片戰爭（西元一八四〇年至一八四二年），英軍以其現代兵器將清軍完全打敗。據說好幾次清軍還曾帶著鬼面具要來嚇走英軍，而讓背著炸藥的猿猴去攻擊英國艦艇。

鴉片戰爭之後，清廷與中國訂立南京條約，清廷開廣州、上海、廈門、福州及寧波等五港為通商口岸，賠償英國鉅額的賠償金，廢止商法改採強制的自由貿易，英國並強行要求清廷降低關稅。另外清廷也把香港割讓給英國。除了英國之外，美國及法國也要求與清廷締結同樣的不平等條約。如此一來，向來傳統的朝貢貿易體制受到破壞，而使得中國成為半殖民地的速度愈來愈快。此時已到了SS中的衰退加速點f點。

太平天國之亂

鴉片戰爭之後，因為賠償金的支付而使得銀價愈來愈高，平價的機械工業製品又如洪水般流入，加上王朝末期的天災，人民吸食鴉片的習慣又未完全根絕，使得農村的危機有尖銳化的趨向，在這種背景之下，流民及盜匪都大為增加。同時在漢民族間，反滿的情緒也高漲起來。

在此種社會不安的背景之下，打著滅滿興漢旗號，將清政府的根本予以動搖的大動亂發生了。以上帝會為名，將基督教與中國固有思想結合之秘密組織領袖洪秀全，率領信仰他的民眾揭竿而起，是為太平天國之亂（西元一八五一年至一八六四年）。太平天國之亂乃集合了許多對現狀不滿的階層。太平天國軍隊進軍的地域，在清朝統治下的十八個行省中，除甘肅一省外，遍佈其他十七省，西元一八五三年，太平軍還一度占領南京，顯現出其一時占領江南的氣勢。不過太平軍因其內部的紛爭而產生分裂，致其勢力被削弱，最後為曾國藩率領的湘軍及李鴻章統率的淮軍（義勇軍）所鎮壓弭平。

在此內亂方酣之時，欲對中國進行半殖民支配的英法二國，以偶發事件為理由，而施行、引發了英法聯軍之役（第二次之鴉片戰爭，西元一八五六年至一八六〇年）。由法國人所設計，具有洛可可風調之歐風宮殿—圓明園，在這次戰爭中被英軍及法軍破壞殆盡。圓明園被破壞的結果可以說是「以西歐文化國自許的英法國民對亞洲民族犯下暴行的一個紀念」。清屈服於英、法聯軍之後，在西元一八六〇年與英、法兩國訂立了北京條約，清廷對西洋諸國全面開放，外國商品開始流入中國，清朝原本自給自足的體制受到根本的破壞。

衰退的加速

鴉片戰爭及英法聯軍之後，清廷感覺到和列強比起來，不管是武力還是政治、社會制度都大幅的落後。因此在清廷內部，為達富國強兵的目的，便有近代化的運動產生。對此吾人以洋務運動稱之，在此運動的十來年間，清廷的內政及外交都比較安定，依當時皇帝的年號，對於此一時期的近代化運動可以同治中興名之（西元一八六二年至一八七四年）。

但是清廷形式上雖在推行近代化運動，不過事實上銀兩還是慢慢的流出，民眾仍然飢餓不堪，手工業者還是失業，「長年的反亂、天災及飢餓的結果，使得清王朝存在的價值，也只在於其形式上存在而已」。

接下來清的朝貢國及屬國也一個一個的減少。法國在西元一八六三年將柬埔寨、一八七四年將安南，一八九三年將寮國，收為保護國。西元一八八六年英國將緬甸予以兼併。暹羅也在一八九三年因英、法的壓力下，脫離中國政府而獨立。

而在這個時候，權力慾望強烈的冷血獨裁者出現了。也就是西太后在此時登場。西太后乃同治皇帝時代之皇太后，其時她雖然主張採用西洋近代技術，不過在同治過世之後，她卻在宮廷內一片反對聲中執意立光緒為帝，由其本人攝政掌握實權，而將整個情勢逆轉為保守反動的狀態。也就是西太后壓迫洋務派，將中國近代化的道路予以阻塞，而保守派、改革派的對立，也使得清朝的衰退提早開始。另外一方面，主張中國應該仿效日本明治維新而加以改革的康有為，為光緒皇帝所晉用，不過西太后卻將改革派予以逮捕、判刑，並將光緒予以幽禁（此即西元一八九八年歷史上所謂的戊戌政變）。

甲午戰爭、義和團事件

西元一八九四年，日本的勢力已伸展至朝鮮，此時清廷欲以宗主國的立場加以阻止，而與日本之間爆發了甲午戰爭。清廷在平壤的陸戰及黃海的海戰皆敗於日本，顯現出其孱弱的體質。翌年，清廷與日本簽訂下關條約，而將台灣、澎湖群島及遼東半島割讓給日本。

在甲午戰爭之前，列強猶以為清廷為一沈睡中的雄獅，尚有一點恐懼感，不過在甲午戰爭之後，列強都知道清廷不過是一隻沈睡中的羊罷了，至此中國的地位已淪為列強的半殖民地。德國租借膠州灣、俄國租借旅順及大連、英國租借威海衛及九龍半島、法國則租得廣州灣。也就是說，清廷對於列強的要求照單全收（有如北歐的Viking料理一般，由客人自由取食）。

對於中國領土如此的被分割，國民排外運動慢慢昇高。終於在西元一九〇〇年產生了義和團事件。義和團乃屬於白蓮教中一支——義和拳教之秘密組織，其信仰者皆必須修習義和拳法。其信眾打著扶清滅洋、除教安民等口號而殺害外國人，並從事破壞基督教教會之排外主義性的活動。對於因為列強的入侵而陷於生活困頓的民眾來說，義和團之亂無疑的是雪上加霜，而整個義和團在華北一帶流竄。抑有進者，西太后所掌握的政權又支援義和團，便向諸國宣戰。而義和團的行為乃受到西太后煽動的結果。於是英、俄、法、德、義、奧、義、日等八國組成聯軍向北京進軍，將整個清政府占領而使清廷屈服。翌年（西元一九〇一年），列強與清廷簽定北京議定書，清廷必須支付鉅額的賠償金予列強，同時清廷亦允許外國軍隊可以常駐北京。

「義和團事件可以說是清朝自鴉片戰爭以來所受到自外國而來最大的慘痛的打擊。接下來的幾年間，中國對於列強的利益分割競爭，只有自我犧牲的份。而清廷在此種情形之下，除了抗議之外，似乎也沒別的方法可施展。人民對於清政府也不抱任何期望。為了使中國強盛，產業發達，只有將清廷打倒，重建一個新的國家，才是唯一的道路。」。

辛亥革命與SS的g點

如前所述，一般人皆覺得要救中國除打倒清廷之外別無他法。這股氣勢乃以知識份子為首，使得革命勢力漸漸抬頭。紡織業等輕工業這時也慢慢成長，其所形成的中國民族資本對革命勢力也有一定之支援。不過因為當時外國在中國投資有免稅的規定，而中國人自己的民族資本又必須被課稅，所以在市場上沒什麼競爭力，其成長也有限。

辛亥革命的領導人孫文也得到了民族資本的支援。孫文雖然在夏威夷大學及香港醫學院學醫，而在廣東開業行醫，不過其卻因為憂國憂民而成為革命運動的志士。西元一九〇五年，孫文將數個革命團體予以整合，而在東京組織成立中國革命同盟會。

西元一九一一年，四川省有暴動發生，十月十日武昌的新軍（洋式軍隊）以革命軍之姿起而為武裝暴動，僅僅一個月的時間，就有十幾個省宣佈獨立宣言，各省代表其後齊集於南京，選出中國革命同盟會總裁孫文為臨時大統領。

但是就此時點而言，在清廷方面，還有袁世凱所率領的新軍。袁世凱因其掌握了整個清廷命運的關鍵，為使自己出名，便在清廷和革命軍之間進行政治交易。袁世凱在革命軍召開的國民會議上提案，清朝的皇帝在退位之後，仍可以獲得年金的給付及皇帝的尊號。袁世凱此種謀略的後果，使得清廷最後一任皇帝宣統在西元一九一二年二月退位，清ＳＳ終於結束。此時的中國，進入了一個漫長的

圖11-1　清ＳＳ

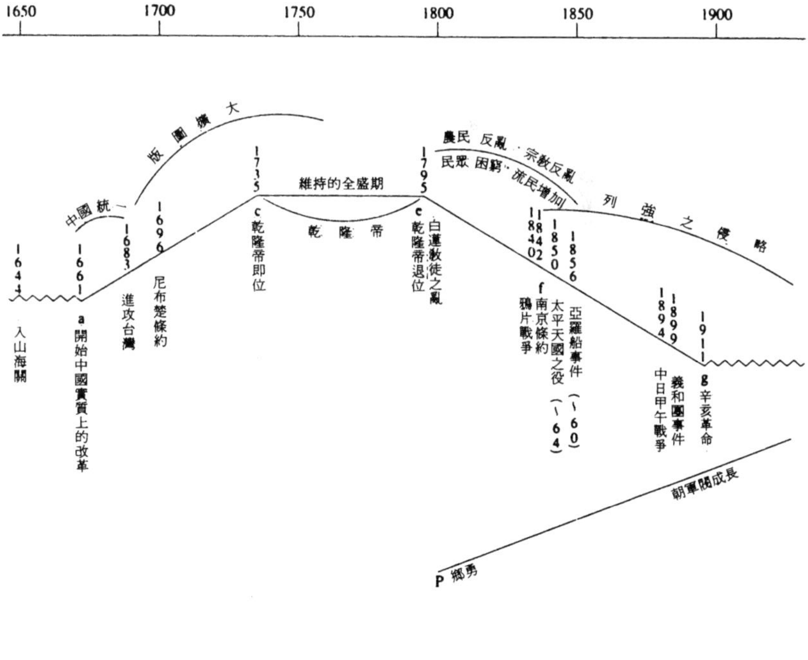

SS過渡期。

但是清SS的e點到g點的比例似乎比較長。此乃其繼受明SS統治系統，SS的a到c變短的緣故。

不過我個人以為，清SS的e到g其比例之所以會比較長，乃因有外力的加入而使這一段期間的老殘壽命延長。亦即，清朝在其盛時「因為有外國貿易的緣故，而產生莫大的利

圖11-2 清SS的文化

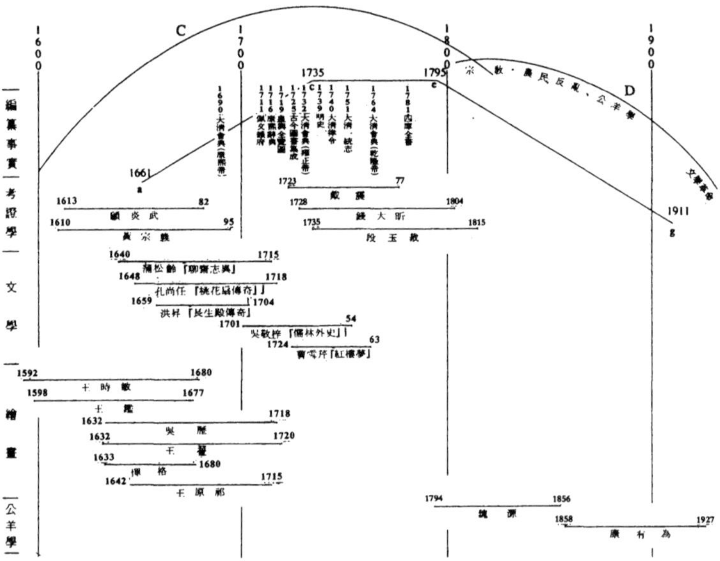

潤，而屢次將封建所產生的矛盾緩和之故。」。因此在對由基督徒所引起的太平天國之亂，英、法等國本來是基於宗教上的同情而來協助太平天國，不過當他們發現太平天國之亂有害及其販賣鴉片利益時，英即基於保護體制的理由來救援清朝。而列強為了日後能獲取更大的利益，也不忍心一次即將清廷滅亡。職是之故，雖然清廷受了如此的痛苦，帝國主義的勢力還是沒有這麼容易讓清廷走向毀滅。

上述的情況就是諸文明先進所做所為的。日本也後來跟上，一次又一次對中國予取予求，可以說相當無情。

清SS的文化

清朝不僅在政治制度方面承襲明朝，即連文化也繼受明朝，因此A型及B型的文化都沒有出現，反而C型的文化——文學及繪畫在SS的a點到c點之間流行。與其說這是清朝的文化，不如說它是明文化的延長來得恰當。

另外屬於實證主義性文獻學的考證學，在當時也相當盛行。但是，著名的顧炎武及黃宗羲二人毋寧說是屬於明末的大儒，接下來在c點到e點之間的學者，為了學問都埋頭研究，結果變成對字句的枝微細節作考證，而使內容流於空洞。

第十二章

從辛亥革命到現代中國

革命尚未成功

一九九一年的辛亥革命促成了清朝ＳＳ（Social System，社會秩序）的g點（崩潰點），屬於破壞性的革命。其後，一直到一九四九年中華人民共和國成立期間為「古（舊）屋解體期」，清朝ＳＳ的殘存勢力被消滅，帝國主義諸勢力也被驅逐。

所謂殘存勢力是指受帝國主義各國支持的軍閥諸勢力。軍閥從北京開始，於各地自立，而擴大地盤獲得政權。此種不安的軍閥政權時代達十數年之久。

一九一四年，第一次世界大戰爆發，大戰中的歐洲各國無暇東顧亞洲，日本因英日同盟而參戰，並在對德宣戰上，占領德國租借的膠州灣（青島）和太平洋上德屬南洋各島；接著，於一九一五年一月向中國提出二十一條要求，要求以山東、滿州、蒙古等地區為中心的廣泛權益，於五月發出最後通牒，袁世凱政府承認其大部分要求，因此，中國人對日本和袁世凱強烈反感。

接著，一九一九年巴黎和會無視廢除二十一條之要求，民眾爆發不滿，於五月四日，發生以北京大學學生為中心的示威遊行，發展成杯葛日本商品和打倒軍閥運動的「五四運動」。

此運動的精神基礎是胡適、魯迅等人推動的文學革命。從一九一五年開始了新文化建設為目的的啟蒙運動，同年，陳獨秀創刊的「新青年」雜誌刊載了胡適、魯迅等人的作品。因為這個運動，中國人提高了人文的、社會的自覺，而且，作為文學革命中心的北京大學，也開始研究俄國革命後的馬克斯主義，這是屬於D型文化的表現。

其後，於一九二一年蘇聯支持陳獨秀組織中國共產黨。一九一九年組成中國國民黨的孫文，為了擴大中國革命的大眾基礎，同意共產黨員以個人名義加入國民黨，成立第一次國共合作（一九二四年一月）。國民黨以聯俄、容共、扶助工農為號召，主張打倒封建軍閥及帝國主義，發展成全國的大眾政黨。因國共合作，帶動了勞動運動，一九二五年五月發生於上海的日本紡織廠的罷工，波及全國（五卅事件）。

中國革命的第一指導者孫文，於一九二五年三月病逝，留下「革命尚未成功，同志仍須努力」的遺言。在逝世的前兩年，孫文曾在日本神戶高等女校，以「亞洲主義」為題發表演講。他說「……日本雖採取了歐美的霸道文化，但又擁有亞洲文化的本質，今後，為了世界文化的前途，到底要作為西方霸道之鷹犬，還是東方王道之干城，日本國民應慎重的考慮、選擇。」，此遺言，至今仍具新意而令人感動。

繼承孫文的是國民革命軍的蔣介石，主張打倒軍閥、統一中國、於一九二六年從廣州北伐，次年三月占領南京、上海。不過，從此國民黨陷於左右分裂，國民黨左派和共產黨於一九二六年十二月成立武漢國民政府，另一方面，蔣介石於一九二七年四月在上海發動反共，成立南京國民政府，第一次國共合作破裂。

一九二八年四月再開始的北伐，和日本軍衝突的濟南事件激化成抗日運動。繼續進向北京的北伐軍，進擊接受日本援助的北京政府張作霖，而完成了北伐。張在退往滿州的途中，在奉天郊外被關東軍爆破列車而死亡（奉天事件），這是日本為了強化對滿州的支配，因張的歸鄉而恐慌乃加以爆殺。張作霖之子張學良為了對抗日本，而選擇服從蔣介石，因此，中國的統一由國民黨完成。可是，蔣介石因聯合軍閥，使軍閥的勢力仍然留存下來。此時，國民黨也和浙江財閥結合，接受英美的援助。

受蔣介石反共清黨打擊的共產黨，將農村工作移為重點。建立井岡山為根據地的毛澤東擴大了勢力，一九三一年十一月，在江西瑞金以毛澤東為主席的中華蘇維埃臨時政府成立，此後，國共兩黨為了中國的支配權展開了激烈的內戰。

滿州事變到中日戰爭

日本近代ＳＳ（社會秩序，social system ）大體上明治期是ＳＳ的成長期，大正期為高原期，其後進入昭和時代隨即發生一九二七年（昭和二年）的金融恐慌，這是ＳＳ的e點，以後直到大東亞戰爭戰敗（＝g點），成為衰退期。從ＳＳ的e點以後，清一色採軍國主義路線，快速進入破局之道。從美國而來的世界恐慌波及日本以來，日本盛行將經濟不安的活路求諸於侵略中國，在中國東北地方，面對張學艮一直想除去日本的勢力，日本軍部和右派呼籲守住日本生命線的滿蒙，終於導致滿州事變。

一九三一年九月，在奉天郊外的柳條溝，關東軍促成滿州鐵路的爆破事件，並以此作為機會（藉口），展開對東北地方全境的軍事行動，占領一個個要地，這就是滿州事變。戰火擴大到隔年一月的上海，成為上海事變。至此，全滿州在關東軍的壓制下，一九三二年三月，清朝廢帝溥儀被扶持成立滿州國，一九三三年一月，日本入侵熱河，使滿州國的南方領土擴大到長城。溥儀在一九三四年即皇帝位，雖然以「五族共和」、「王道樂土」作為綱領，實際上受日本的殖民地支配。滿州事變以來，日本人非常被憎惡，民間的抗日運動激化成全國運動。

國民黨在未能完全統一中國之前，受滿州事變影響，無法一面處理日本問題，一面和共產黨作戰，蔣介石乃對日本妥協讓步，嚴打共產黨，對中央解放區（江西、福建）進行五次激烈的攻擊，為此，一九三四年十月，毛澤東、朱德等人指揮第一方面軍從瑞金出發開始長征，當後續部隊到達延安完成長征時，已是一九三六年十月，在兩年間，三十萬紅軍主力減至三萬，三十萬中國共產黨黨員減至四萬。

一九三五年八月一日，在長征途中的共產黨，提出八一宣言，主張結束內戰，結成抗日的統一戰線，在西安的張學良受到強烈影響，他雖受命督導攻擊共產黨，卻在一九三六年十二月將來西安的蔣介石幽禁，逼其接受抗日統一戰線（西安事件）。此時，軍部深深介入政治的日本，因強取華北的支配，於一九三七年七月和中國進入全面的戰爭狀態，近因是在北京郊外演習的日本軍和中國軍衝突成蘆溝橋事件。同年九月，正式形成第二次國共合作，中國的抵抗極其強大，戰爭陷於泥沼化。

一九四一年十二月八日，日本軍攻擊珍珠港，開始太平洋戰爭，中國成為聯合國的一員和日本作戰，一九四五年八月十五日，隨著日本無條件投降而結束中日戰爭。在大戰中，中國收回長年懸案的租借地和廢除不平等條約，獲得聯合國承認，戰後也成為聯合國的常任理事國。

終於，中國結束了自鴉片戰爭以來帝國主義對中國的侵略，並且，一九三五年的通貨統一，從經濟面弱化了地方軍閥的勢力。就這樣的，中國排除了妨礙統一的國內外勢力，SS過渡期前半段所謂「古屋解體工作」告一段落。

中華人民共和國的成立

大戰後，蔣介石於一九四七年頒佈新憲法，翌年就總統位，可是，抗日的共同目標已失，從一九四六年開始，國民黨和共產黨再度陷於內戰，剛開始時，受美國援助的國民黨處於有利地位，但因經濟混亂，黨內部日益腐敗，國民黨不再獲得民眾和民族資本家的支持而快速潰敗。

相對的，以農村為中心而建立堅實地盤的毛澤東獲得農民的支持，共產黨軍於一九四七年後半年開始反擊，並集結除了國民黨友派以外的諸勢力，於一九四九年從北京、上海開始，取得中國全境，十月在北京宣告成立中華人民共和國。蔣介石則率國民政府遷至台灣，建立政權。

現代中國到新中國ＳＳ

為了迎接ＳＳ（Social system）過渡期的中期，常有出現一時霸權人物的傾向，此霸權人物的工作在於建立解體工作後的「空地」。

清理前面ＳＳ之諸殘骸，使它乾乾淨淨，是毛澤東擔任的工作，此後，直到下一個ＳＳ的a點，要從事的是建立「基礎工程」。

接著，將中華人民共和國成立以後，到今日所發生的大事，列舉如下：

一九五〇年二月　締結中蘇友好同盟條約

一九五二年　掃除封建的地主制度，完成中國本土的土地改革

一九五三年一月　第一次五年計劃開始
一九五四年六月　周恩來訪問印度，與尼赫魯會談提出和平五原則
一九五八年四月　人民公社開始
一九五九年四月　劉少奇任國家主席（至一九六八年）
一九六二年十月　中、印邊境武力衝突
一九六四年一月　與法國建交
一九六六年　無產階級文化大革命

從一九六五年開始，中共最高層內部對立尖銳化，從對文化活動的批判轉到社會改革運動。一九六六年八月，發佈「關於無產階級文化大革命」的決定，毛澤東等人動員以學生為主體的紅衛兵，對劉少奇等人的反毛澤東派（當權派），展開「資本主義復辟」的大規模攻擊和批評。並且，為了破除古思想、風俗、習慣，徹底施行社會主義，肅清了眾多的文化人、政治家和軍人，並對文化遺產進行徹底的破壞，出現將毛澤東思想當作絕對的新體制，也出現約二千萬人死亡的「清出空地」的工作。一九六八年中以後，文化大革命大致結束。

一九六九年 三月 中蘇珍寶島衝突
一九七一年 十 月 以常務理事國加入聯合國
一九七二年 二 月 尼克森訪問
一九七二年 九 月 田中訪問
一九七三年 二 月 批林、批孔鬥爭
一九七六年 一 月 周恩來逝世
一九七六年 九 月 毛澤東逝世
一九七六年 十 月 江青、王洪文等四人幫在北京政變中被捕失勢
一九七七年 七 月 鄧小平復出，宣告文革結束
一九七八年 八 月 中日和平友好條約
一九七八年十二月 農業、工業、國防、科學技術「四個現代化」路線成為國家目標，從此開始，ＳＳ過渡期的後半期「基礎工程」清楚的浮現
一九七九年 一 月 中美建交

一九八一年 六 月 胡耀邦就任共黨主席，排除保守派進行經濟開放

一九八二年十二月 新憲法頒佈、人民公社解體

一九八九年六月三日 第二次天安門事件

以悼念前總書記胡耀邦死亡的形式，學生、市民和平的要求民主化，對這項運動，人民解放軍開槍以武力鎮壓，據推認學生、市民死亡約三千七百人、受傷一萬人，在中國國內外影響深遠。

接著，東歐、舊蘇聯劇變，進入社會主義世界的解體期，在中國，共產主義系統於經濟面也事實上崩潰，在生產活動中擁有活力的，只有經濟特區的非國營事業，東北地區等地的北部，國營企業多，成長率低。在東亞經濟圈形成之際，作為其中一員，有中國經濟區的存在，特別是華南地區已有令人驚訝的發展。

超越共產主義，中國新ＳＳ（社會秩序，social system ）誕生之日已近，新亞洲文明的主角仍是中國，中國和台灣、香港協力，以「創造中國新ＳＳ」為共同目標的時日已經來臨。從此，創造地球文明的新亞洲文藝復興將盛大開花，人類將抬頭期盼。世間沒有不會興、亡的國家，也沒有不會盛、衰的文明，繁榮與衰亡的起起落落，其歷史

已獲得證明。文明法則史學是一種「宏觀史學」，旨在探究文明盛衰起落一定的週期性與法則性。

圖12　辛亥革命以後之ＳＳ過渡期

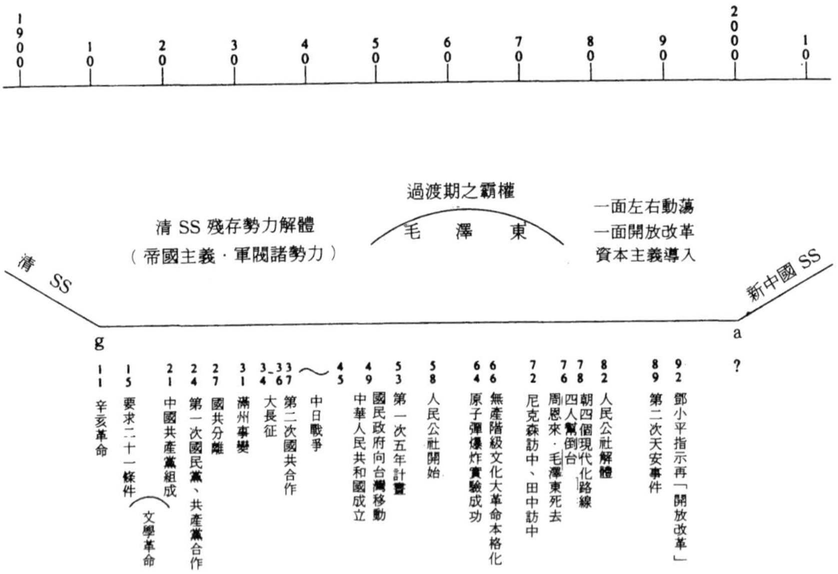

附章

預測中國未來

大局錯誤不能用小局挽救

歷史有安定期和劇變期。安定期因變化少，大體依循前例就能順利治理，是一個以「經驗」做判斷基準就不會錯誤的時期。所以安定期的指導者，可以說只要性格上無太大問題，周圍輔佐確實的話，誰都可以勝任愉快。

但劇變期就不同了。前例已經陳腐、經驗反成絆腳石，無法應付急遽的變化。劇變期的指導者首先得具備看準全局動向的「大局觀」和放眼未來的「先見能力」。這是因為在大局上做出的錯誤決定無法以小局來挽救之故。

以搭乘火車為喻，假設本來想從台中坐火車去台北而誤乘了開往台南的車班。為挽回這一大局上的失策，除了在下一站下車換車之外別無他法。但姑且在小局上盡可能地去努力，試著在車內朝台北方向走去，也是無濟於事的。

因我擔任著位居指導者地位的經營者或政治家們的顧問，所以我知道只有大局觀確實，好的中、小局計畫才能策定出來，自己的哲學、思想裡有世界觀或人世觀等深沉的內容，人生或經營的目的、展望才會明確。等這些確定後，才能定出卓越的年度計畫，並展開每天強有力的實踐。

以孫子為代表的《七書》如下掌握此種事實：戰略難救政略之失，戰術難救戰略之誤。政略指的是國家經營的展望、國家目標、與何國戰略與何國和之類的長期外交方針；戰略是指要在何時何地戰鬥之類的戰爭推演；戰術則指坦克戰、步兵戰、游擊戰等等在戰場上軍隊的攻守進退。在政戰、戰略、戰術之中，政略是長尺、戰略是中尺，而戰術則是短尺。若長尺的量法錯誤，就無法用中尺來矯正；中尺的測法錯誤，則亦無法用短尺來修正。孫子這些人物活動的時代是戰國時代，小國倏忽國威高漲，大國輕易就滅亡當中，以孫子為首的兵法家們已看穿了亡國根本原因是在大局的判斷錯誤。

中國會是毀滅地球的大毒花嗎？

在孫子還活著的時代，或者不如說直到二十世紀的今天，「國家」是人類社會的最高單位。以國家利益為優先，視國家至上主義為信條的想法乃理所當然的。這也意謂用

「政略」以下的量尺就足以應付了。但是，因為世界人口遽增、通訊系統和運輸手段異常發達，以致對人類而言地球相對變小了的現在；加上因排放二氧化碳造成地球溫暖化，因排放氟化物造成臭氧層破壞，並且植物的消滅和地球沙漠化進行著的今天，我要斷言，只用「政略」水準的量尺已無法完全應付人類的危機了。換句話說，也就是必需使用更大量尺的「地球時代」來臨了。

我們的同志，天才的企業形象（corporate identity）製作家角田識之氏稱這為「天略」。天略是站在大自然的原理原則上，為趕上文明周期潮流的量尺。而文明法則史學正是立足於天略（＝地球經營），能夠樹立政略（＝國家目標）的新時代帝王之學。

日本現在持續著亞洲熱或中國熱，許多雜誌都為此推出特集。但其中百分之九十以上，頂多考慮到二十一世紀的「戰略」水平為止，而幾乎都只停留在企業該如何進軍亞洲及其投資現況的取材上。對於那對人類而言比什麼都重要的、根本的天略上的問題：「中國的經濟發展對地球環境的影響」一事全不見有深入報導。人們或許會反駁說要求經濟雜誌探討環境問題是不合理的，但我認為，那並非「不合理」而是「不負責任」。只因中國到處有賺錢的生意經就只介紹生意機會的報導，果真對中國文明的真正發展有正面意義嗎？

聽說中國人是重視面子的國民。我尊敬中國人，所以我沒有任何讓中國人失面子的想法，因此才敢率直進言。我要說現在在中國大陸正要開花的物質文明乃是「妖異的毒花」，那是會遍撒毒液於地球，將人類逼上滅絕之路的大毒花。（只不過它的「種子」是從歐美或日本飄過來的……）

請好好想一想，比如中國人有一天變得和日本同樣普遍開車，那時能源的大量消耗會對地球環境造成多大的壞影響呢？日本約有占人口數之半的汽車在行駛，若按相同比例計算，則中國大陸將有六億輛汽車行走，並且是行駛在面積遠大於日本的國土之上。不苦幾乎還沒有私家車在走的今日上海，嚴重塞車和空氣汚染也成了嚴重的社會問題。不光是汽車公害，隨著經濟發展造成的各種自然破壞或人心荒廢又該如何去處理呢？

當然，也不能因為那樣就可以自私任性地跟中國大陸的人說：「後進發展的你們不要開車，請只騎有益健康的自行車。」我想說的只是：在擁有世界五分之一人口的中國大陸，忽視「天略」的經濟發展對地球環境所產生的影響太過巨大了。我認為：要讓地球生或死，都看中國了。

向來偏重於資源略奪、環境破壞型的經濟發展將會導致人類滅亡。但我希望中國不會變成那樣，而希望中國能去挑戰，去矯正近代文明所犯的錯誤而促使文明品質有所進化。

利用水來發動的發動機和取用不竭的能源

真的沒有既能發展經濟同時又能解決問題或能源危機的路子嗎?我認為是有的。為什麼這樣說呢?那是因為為了挽救地球與人類的各種劃時代發明陸陸續續出現，就宛如「地球生命體」的自然治療能力旺盛發揮了它的作用似的。

首先在汽車方面，不用汽車的車輛正陸續開發中。例如利用陽光發電的太陽能汽車以及乙醇汽車、氫氣汽車等等。最獲好評的則是只用水就能行走的汽車。以發明磁碟片而蜚聲國際的發明家中松義郎氏開發出只以水為燃料的發動機，命名為「免能源引擎」。人們不禁會奇怪:光靠水?然而水是由燃燒最完全的氫和助燃的氧結合成的分子，因此應該沒有比這更「高級」的能源了。並且其廢氣應是水蒸氣，所以能完全解決汽車帶來的空氣污染。

只用水來發動的發動機就已夠令人咋舌了，中松氏還更進一步發明了利用宇宙能源來發動的永久性機械「中松博士發動機」。能一舉解決能源危機的這一發明獲得了一九九一年度世界發明競賽的金牌獎。

初聽「宇宙能源」一詞，我們不禁會想這是什麼東西？這是指一種在以前無法測定到的、存在於空間的能源（超微粒子）。事實上，空間充滿了未知的能源，目前全世界都在進行宇宙能源的研究和開發。中松氏之外，最有名的是加拿大出生的科學家約翰·哈地遜，他曾受到尼可拉·狄斯拉是與愛迪生齊名的科學家，也是此一未知能源研究的創始者。

解救人口爆炸的ＥＭ農法和綠化革命

中國大陸存在的重要問題中，人口問題也是其中之一，「一胎政策」乃是為了抑制人口爆炸的苦肉之計。人口爆炸是地球全體的大問題，但因全世界每五人就有一個是中國人，所以中國人的一舉一動對世界造成的影響很大。人口快速增長會影響到住宅不足、就業機會減少、教育或醫療品質低下等很多方面，但不管怎樣說，糧食匱乏乃是生存上最直接而根本要問題。

在這糧食＝農業問題上也有了很好的發明。具代表性的有「ＥＭ」農法。「ＥＭ」乃是Effective Micro-organisms的縮寫，是琉球大學的比嘉照夫先生發現並把它實用化的「有效微生物羣」。經證明，使用ＥＭ於農業栽培可使土壤獲得改善並提高光合作用效果，而且植物本身的生命力也會變得活性化而不易罹病，收穫量因此大幅增加。ＥＭ對穀物、蔬菜都有效果，據說世界人口即使增加到一百億也能靠它避免糧食危機。另外也聽說利用ＥＭ，則農作物不再發生病蟲害，因此不需要農藥；並且它可使土壤變肥沃，所以也不需要用化學肥料。ＥＭ農法雖已在全世界逐漸推廣了，但能普及於中國大陸而對中國ＳＳ的建設有所貢獻的話，才是真的發揮了它的價值。

此外，我要強調綠化革命在中國大陸的必要性。美索布達米亞文明，古埃及文明也好，愛琴海文明或羅馬文明也好，在這之前的文明都因破壞森林而興，也隨著森林的消滅而與之俱亡。當然這意謂作為燃料等能源資源的森林枯竭造成都市文明崩潰，但我認為我們也不能疏忽了森林植物的過度減少和消滅，對過度文明生活的人類社會的精神狀態造成的壞影響。植物和動物處於「陰陽」的共生關係而形成地球生態系。植物難道不是超越了「賞心悅目」、「當食物攝取」、「交換二氧化碳和氧」的層次，而在深層的無意識層面上和人類發生密切交流和感應嗎？

值此振興亞洲精神文明之際，我要呼籲在大陸大規模培育森林是極重要的。日本的植物學家三上晃氏發明了將植物連接上電腦的技術而證明了植物也具有高度的精神、感情或理解力、記憶力等等。現在正需要「植物樂於支持的國家」。綠色大國不才是最適合肩負新文明的嗎？

都市將成為鋼鐵和混凝土的墳場?!

接下來要和大家談談材料革命。高樓大廈或高速公路等等社會資本的建設正在中國穩定進行。然而美國早已發現這種鋼鐵和混凝土文明意外地脆弱，亦即在摩天大樓林立的紐約等近代都市可看到的社會資本的老朽化。坑坑洞洞的馬路、生了鏽有倒塌危險而全面禁止通行的橋樑、處處破裂的自來水管等等，都市機能疲弊的情況只見越形嚴重。在都市文明較紐約成長得晚的東京，「老化現象」也漸漸顯著起來了。

加工簡單、價格低廉且大量蘊藏的鐵和混凝土實在是個巧妙的組合。用強鹼的混凝土包住易於生鏽的鐵，就能堅固地構築建築物的骨架和支撐結構。但是當雨水滲入因震動而產生的裂縫中時，鋼筋鐵骨就會生鏽而導致強度明顯下降。

好不容易中國要進行全球最大規模的社會資本開發。卻在大約半世紀後才發覺全土已成了鋼鐵混凝土的巨大墳場的話，那可就稱不上是新文明的主角了。因為為了維持都市機能而光在維護管理上就得耗去龐大經費，而無法挪出足夠預算於新開發上。

那，該如何是好呢?能給這一問題答案的乃是材料革命。比舊有的鐵還輕，更強韌又不生鏽，並且加工容易、價格便宜的「新鐵材料」非早日發明出來不可。而且還希望能開發出即使受到反復震動也不會發生裂縫的、富有彈性的「新混凝土」。另外也希望儘快發明出不是建築物剛完工就開始老化的，而是完成之後越用越耐的建材。我認為竣工之後經過二、三十年以上反而變堅固的、且有「生命力」的才是副合新亞洲文明的建築。

還有，日本正在開發一種讓木材也能防止彎曲、斷裂且不燃於火的加工技術。而較目前更進步的石材或磚塊也會被製造出來吧！這麼一來，建築文藝復興就會開花結果。

雖和建材無關，在造紙原料上也開始發生了革命，亦即用非木材紙漿為原料製成的紙。例如在日本四國地方的某家造紙紙公司老板利用印度原產的孟買麻（ambari hemp）為原料而開發出了高級紙張。其他如稻草或香蕉等等還有很多具開發希望的原料。成本問題若能解決，終有一天製紙原材料將不需要用到木材，則熱帶雨林減少的主因之一就可以解消了吧！

健康增進才是真正的文明生活

成人病也稱為先進國病。在日本也經常可在高齡者身上發現痴肥、糖尿病、高血壓、冠狀動脈疾病、脂質代謝異常、脂肪肝臟等等疾病。（糖尿病或高血壓等也可以在年輕人身上發現）這些慢性疾病也可叫做生活病，雖然對症下藥時藥物也有效，但想根本治療則要採用食物療法、運動治療法或是過規律生活等生活方式的改善，也就是必需改善體質。而傳承下這些經驗醫學的即是鍼灸、按摩或中藥等東方醫學或氣功。人們對以調整體質或身體的陰陽虛實，使「氣」得以運行良好，以獲得身體平衡調節為基本的中國傳統醫學抱有很大的期望。

先進國人民住在混凝土箱（房屋）中，夏天吹冷氣，冬天則有中央系統暖氣的過度保護。與這些半健康的人們相比，每天清晨即勤做太極拳或氣功的中國人民是很健康的。

新亞洲文明的人們應該因為受惠於文明而更加健康。在這意義上，我認為中國或中醫和西醫同等看待的政策非常好。我希望能把那些醫術做為增進人類福利的醫療革命，並且配合種種能恢復、增進健康的發明和開發，使它更進步、更提升。

「消除殺意」的終極戰爭終結機

新亞洲文明必需把戰爭視為是人類迄二十世紀為止的惡習而結束它。以前發生戰爭時，基本上只有軍人死亡，然而隨著武器的發達，民眾死亡的比例也漸形增高了。使用核武，則百分之九十九以上的死者是一般市民。一旦發生使用核武的大規模戰爭時，勝利的一方也將成為「核子的冬天」或世界混亂的犧牲者。戰爭生出利益的說法已成過去，那是人類在地球上相對地比現在還渺小的時代的事了。請回想看吧：越戰使得美國ＳＳ衰退，而侵略阿富汗只不過耗掉了蘇聯的國力。

在這個渺小的地球上，人類到底想持續低次元的鬥爭到幾時呢？儘管不論是誰，人類應該都希望趕快把地球變成一個永遠和平的星球。

我不是幻想著和平的美夢。人類形形色色，有道德高尚的好人也有害別人痛苦的壞人。只是我認為大多數人既非完全的好人，也不是純粹的壞人，而只是「弱者」。看到別人有困難會想去幫助，但是受到不良誘惑則又隨時可能墮落的人即是弱者。或許只是恰好沒碰上變壞的機會才沒被喊為惡人而已。一個把車內煙蒂亂倒在馬路上的沒道德男人，一旦回到家裡則又變成好先生、好爸爸，過著一個「普通人」的生活。若想在像這樣的現實世界中消弭鬥爭，那只憑理想的教訓論，其實效將是有限的。

因此，我才建議要開發能戢止鬥爭的「終極戰爭終結機」。這是一種利用未知的空間能量而對人體無害、對意識也無影響，只是把對他人的殺意或強烈的敵意痲痺掉的

「波動能量裝置」。

把物質一直分析到極致就是能量。「想念」、「禱告」也是屬於精神能量。能量是一種「波」，所以只要放射出正的波動能量以消除（中和）敵意、殺意這類負的精神波即可。

只不過，這個裝置隨其使用方法而會整個控制集團意志，所以不消說，它必需和核武做同等的管理。這一裝置應該是做為上天委托之物而交給以慈悲和仁德行使政治的領導國家的。

史上無雙的大轉換期正是大發明興起的時代

前面已談過了能源革命、農業革命、綠化革命、材料革命、醫療革命和戰爭終結武器（機器）革命等等，從已發明的到冀望今後能發明出來的，形形色色，但每種都是中國以及人類為了渡過文明交替期的湍流所必需的。這也許會被認為是在介紹、建議一些荒誕無稽的發明，但發明本來就是這樣的嘛，俗語說：「需要乃發明之母」，問題不在於發明是否不易完成，而在於人類是否強烈地追求它。

我們現在正活在轉換期中。是一個人類在地球上的存在價值正受到考驗的大轉換期。不過，危機也是機會。歷史上，危機或轉換的時代也正是進步與飛躍的時代。再沒有任何時代像今日一樣，為了救濟並使地球、人類進化而積存下那麼多創造劃時代發明的力量的了。

在歐洲，先驅性文藝復興現象「十二世紀文藝復興」，是十四世紀以後在義大利北部展開的正式的文藝復興的母體。在此之前，東方世界進步的學術以及科學上的知識情報急速轉入酣睡於中世的歐洲，同時財富累積也在歐洲進行。其中，經過日耳曼民族大遷徙的風暴而由拜占庭帝國傳入伊斯蘭世界的古希臘羅馬文明也大量包含在內。這是文明的再輸入，也是交棒。

而這次，在亞洲這邊，現在勢頭正盛的經濟發展現象也可視為是相同的文明潮流型態吧。

如同「十二世紀文藝復興」產生了正式的文藝復興，生產力、資金以及情報都集中在亞洲的這個潮流，不也會成為「二十一世紀文藝復興」這一母職而孕育出「新亞洲文藝復興」嗎？而且，我們要注意，這亞洲繁榮並非為了亞洲人的私利私慾，而是救濟地球與人類的基礎，是依照上天的意志而輪流過來的。

生命體具有自我治療的「自然治療力」。形成精妙且生意盎然的生態系之地球也已被認為是一個巨大的「地球生命體」。地球想治療自己的作用現在一定也正旺盛活動著吧。我在想，這將對職司地球生命體的神經作用或智慧的人類發生作用，並和拯救地球之發明力發揮相結合。

二〇〇〇年～二八〇〇年的中國

「缺乏修養而沒有成長、完成的人不該隨便預測未來。因為以私心私慾來做預測將會危害社會。」村山節先生以上述意思的話來訓喻我們這些弟子。我緊緊牢記此言，雖自愧才學菲薄，但為了人類的進步而想試著預測中國從西元二〇〇〇年到二八〇〇年的CCβ期。

以辛亥革命發生的一九一一年為g期，清SS滅亡，之後SS的過渡期一直持續著。毛澤東死後，推行改革開放和現代化，進行了新中國SS的「基礎工程」。而且再過不久，新中國SS將在西元二〇〇〇年左右迎接a點的到來吧。

到那時，和歷代SS的a點一樣，朝氣蓬勃而優秀的強有力指導者將會成為國家元首吧！村山先生把那情形比做建立漢王朝a點的劉邦的出現。

為了那a點的誕生和a點以後的中國發展，台灣方面的合作是不可或缺的。我念念不忘，希望大陸要以傳統「冊封外交」的基本精神，亦即王道的仁德來對待台灣等四鄰。不是伊索寓言中北風的行使霸期，而是像太陽的愛情力量。

a點以後的中國必需利用前述各種劃時代發明來渡過文明交替期的劇變，並且要積極從事救濟「西方」。所以不該想用霸道推動世界，而應當立足於自覺要愛世界人類，對地球進行負責的「王道政治」上。

從a點到b點的西元二一〇〇年左右，社會資本將大幅成長吧！預測到c點時約為二二〇〇年左右。而在b點和c點之間，新中國SS的「德」將遍及東亞，並且商業流通更加興盛而肩負起世界商業最重要的地位。在此附帶說明SS指標點的年數只是以迄今為止的類型為基準做的「預想」，不論是預想為西元二〇〇〇年左右的a點或是二一〇〇年左右的b點，都如前面的預測一樣，要讓它具有伸縮餘地（前後五十到一百年）。

新中國SS的全盛期約在西元二二〇〇年左右到二三〇〇年左右，大約會持續一百年吧。在這段期間，中國必將以新亞洲文明主角的地位成長為世界第一的領導國。話說到那時，能預測的就只是SS的模式了。至於其具體文明內容將進行到何種地步就有賴子孫如何努力了。

以西元二三〇〇年左右為e點，新中國SS將會走向衰退。讀者會問：未來也有衰退期嗎?我想，永不老化的社會秩序是不可能建立的吧！CC或SS也屬生命現象，生命沒有永恆，終了和死亡乃是避免不了的事（屬性）。個體雖會死亡，但是它會將遺傳訊息傳給後代，使種屬系統性地發展下去。SS也不免於「死」，但藉由培育下一個SS的幼芽（子系統）而世世代代發展下去。

SS的系統模式即使是反復的，內容則可以靠人類的努力而進化。將來的SS衰退將不會是迄二十世紀為止的「階級鬥爭型」，而必需改變成充滿和平與愛的喜悅的「階級禪讓型」。

而到西元二四〇〇年左右則是g點。到此乃是新中國SS＝第三型的「一生」。大約再經過五十年的SS過渡期之後，新新中國SS＝第四型SS的a元就又來臨（西元二四五〇年左右）。

在中國，β期的SS有成為像「西、東周雙重SS」、「唐、宋雙重SS」一樣的二倍體的傾向。我們若考慮到在西元二〇〇〇年到二八〇〇年的新β期也會產生同樣的類型時，那麼因為新新SS的a到c點的間隔會變短，所以很快地在二五〇〇年左右就會到達c點。從這c點起到西元二六〇〇年左右的e點，中國適值全盛期，將創造出成熟的文明。在這時期，新伊斯蘭文明或新印度文明也將成長為領導世界的文明而將與中國展開輝煌燦爛的交流。

如此一來，以「地球生命體」或「地球人類體」為基礎的偉大思想將在e點開始發生、流行。在中國，新孔子或新老子，在印度，新佛陀將誕生而肩負起那時代的思想。我預測文化模式也將會是雙重SS而在八百年間展開A、B、C和D型文化。

A型在第三型SS的a到c點之間出現，其主要內容將是中國基層文化的復活。又因為和新亞洲文藝復興重疊，所以可以看到美術、書法、雕刻、工藝等各方面藝術的開花，或者是新科學等學術的創造。

Ｂ型以ｃ和ｅ點間為中心出現，詩的精神將會盛大流行，不遜於唐代詩人的天才詩人輩出。其後，從第三型ＳＳ的ｆ點左右到ＳＳ過渡期，預料在文化創造力方面會出現一段停滯期。

第四型ＳＳ繼承第三型ＳＳ的文化積蓄而在ａ到ｅ點期間將會創造出以散文、文明論或史學等為內容的Ｃ型文化。

接著從ｅ點左右起進入哲學、思想、宗教盛大創造的Ｄ型文化期。發展到這一時期，我想，和「宇宙意志」間的通訊或和「高次元宇宙人」間的交通將成日常化。地球的問題靠地球人解決才是「地球人類體」的進化，越過這個階段，接下來人類就朝向參與太陽系或「我們的銀河」之進化的宇宙計劃了。

第四型的新新中國ＳＳ在西元二八〇〇年左右將到達ｇ點而進入文明交替期。東方ＣＣ的夜幕開始降臨。而另方面，西方ＣＣ則迎接朝陽爽氣，輪到新歐洲文明誕生了。

國家圖書館出版品預行編目資料

中國文明興亡史 / 林英臣著；呂榮海，王永濬翻譯. -- 初版. --
新北市：華夏出版有限公司, 2024.03
面；　　公分. - -（蔚理文叢03；002）
ISBN 978-626-7393-40-6（平裝）
1.CST：文明史 2.CST：中國史

630　　113001757

蔚理文叢03　002

中國文明興亡史

著　　作　林英臣
著　　作　呂榮海 王永濬
編輯策劃　蔚理有限公司．臺灣鵝湖書院
臺北市103大同區錦西街62號
電話：02-25528919
Mail：Penny9451@gmail.com
出　　版　華夏出版有限公司
220 新北市板橋區縣民大道 3 段 93 巷 30 弄 25 號 1 樓
電話：02-32343788　傳眞：02-22234544
E-mail　pftwsdom@ms7.hinet.net
印　　刷　百通科技股份有限公司
電話：02-86926066　傳眞：02-86926016
總 經 銷　貿騰發賣股份有限公司
新北市 235 中和區立德街 136 號 6 樓
電話：02-82275988　傳眞：02-82275989
網址：www.namode.com
版　　次　2024 年 3 月初版一刷
特　　價　新台幣 500 元　（缺頁或破損的書，請寄回更換）

ISBN-13：978-626-7393-40-6
《中國文明興亡史》由呂榮海先生授權華夏出版有限公司出版繁體字版